健身健美运动
系统性训练理论与方法研究

石玉岩 / 著

吉林大学出版社
·长 春·

图书在版编目（CIP）数据

健身健美运动系统性训练理论与方法研究 / 石玉岩著. — 长春：吉林大学出版社，2022.9
ISBN 978-7-5768-0715-8

Ⅰ. ①健… Ⅱ. ①石… Ⅲ. ①健身运动—运动训练—研究②健美运动—运动训练—研究 Ⅳ. ① G883

中国版本图书馆 CIP 数据核字（2022）第 185945 号

书　　名　健身健美运动系统性训练理论与方法研究
　　　　　JIANSHEN JIANMEI YUNDONG XITONGXING XUNLIAN LILUN YU FANGFA YANJIU

作　　者　石玉岩　著
策划编辑　张文涛
责任编辑　王宁宁
责任校对　王默涵
装帧设计　马静静
出版发行　吉林大学出版社
社　　址　长春市人民大街 4059 号
邮政编码　130021
发行电话　0431-89580028/29/21
网　　址　http://www.jlup.com.cn
电子邮箱　jldxcbs@sina.com
印　　刷　北京亚吉飞数码科技有限公司
开　　本　787mm×1092mm　1/16
印　　张　13.5
字　　数　214 千字
版　　次　2023 年 4 月　第 1 版
印　　次　2023 年 4 月　第 1 次
书　　号　ISBN 978-7-5768-0715-8
定　　价　80.00 元

版权所有　翻印必究

前　言

　　健身健美运动是内容丰富、形式多样、时尚潮流的大众体育锻炼项目，更是拥有广阔前景的朝阳产业。健身运动主要是通过各种方式的体育锻炼来增强体质的一种运动形式，健美是一种强调肌肉健壮与美的运动，更注重对身体的雕刻，健身与健美密切联系，相辅相成。近些年，随着社会的高度发展、体育的不断繁荣以及各种"健美"风潮的兴起，健身健美运动在我国越来越普及，已经成为推进我国全民健身、健康中国和体育强国等国家战略实施的重要途径，也成为个体追求健康与健美的有效路径，通过参与健身健美运动，能够促进身心健康，并在健康的基础上使女性线条优美，气质高雅；使男性体格健美，英姿勃发，使人充分彰显个人魅力，提升自我满足感。健身健美运动的重要价值与作用要通过积极推广健身健美运动和指导人们科学参与健身健美运动训练才能实现，基于此，笔者在参阅大量相关著作文献的基础上精心撰写了本书。

　　本书共有八章。第一章简要阐述健身健美运动的概念、价值和术语等基础知识，从而对健身健美运动形成基本的认识与了解。第二章分析了健身健美运动训练的学科理论基础，包括运动生理学、运动心理学、运动营养学以及体育保健学。了解健身健美运动与多学科理论的关系，结合多学科理论进行健身健美运动训练，能够保障训练过程的科学性和训练效果的有效性。第三章对健身健美运动科学训练的原理与方法展开研究，以明确健身健美训练的准则与要求，掌握科学的训练方法，设计丰富具体的训练手段。第四章探讨了健身健美运动的形体训练与体能训练，这是健身健美系统训练的基础内容，通过训练能够提升体能素质和塑造形体美，从而为参与其他项目训练打好基础。第五章至第八章分别对健身操、健美操、瑜伽以及其他健身健美项目的系统训练方法进行了重点研究，为人们科学参与这些健身健美项目训练提供了实践指导。

　　本书具有以下几个特征。

　　第一，时代性。当前，健身健美已经成为一种潮流，为迎合时尚潮流,本书对健身健美运动训练展开研究,体现了对全民健身政策的积极响应,对促进全民健身事业的发展具有重要意义。

第二,系统性。本书重点研究了健身健美运动的系统训练理论和训练方法。首先阐述了健身健美运动的基本知识,其次分析了健身健美运动训练的科学理论,最后探讨了健身健美运动项目的系统训练方法。结构完整,逻辑清晰,理论与实践有机结合,具有较强的系统性。

第三,多样性。本书严格筛选适用于健身健美运动的项目,力争项目丰富多样,既能服务大众,又能适应不同群体的特征,满足参与者选择健身健美运动内容、方法以及形式的个性化要求,为参与者提供有价值的方法指导。

总之,本书主要从科学训练理论和有效训练方法两个方面对健身健美运动的系统训练展开研究,理论与实践并重,为人们参与健身健美运动提供了科学的理论依据和有效的实践指导,期望本书能够为推动我国健身健美运动的进一步普及与发展、提升人们的健身健美运动效果、实现全民健康战略目标做出重要贡献。

在本书的撰写过程中,笔者不仅参阅、引用了很多国内外相关文献资料,还得到了同事、亲朋的鼎力相助,在此衷心表示感谢。由于笔者水平有限,书中疏漏之处在所难免,恳请同行专家以及广大读者批评指正。

作　者

2022 年 6 月

目 录

第一章 健身健美运动及其基础知识概述 ⋯⋯⋯⋯⋯⋯⋯ 1
  第一节　健身健美运动的概念⋯⋯⋯⋯⋯⋯⋯⋯⋯⋯ 2
  第二节　健身健美运动的价值⋯⋯⋯⋯⋯⋯⋯⋯⋯⋯ 5
  第三节　健身健美运动常用术语⋯⋯⋯⋯⋯⋯⋯⋯⋯ 11

第二章 健身健美运动训练的学科理论基础 ⋯⋯⋯⋯⋯⋯ 17
  第一节　运动生理学基础⋯⋯⋯⋯⋯⋯⋯⋯⋯⋯⋯⋯ 18
  第二节　运动心理学基础⋯⋯⋯⋯⋯⋯⋯⋯⋯⋯⋯⋯ 21
  第三节　运动营养学基础⋯⋯⋯⋯⋯⋯⋯⋯⋯⋯⋯⋯ 27
  第四节　体育保健学基础⋯⋯⋯⋯⋯⋯⋯⋯⋯⋯⋯⋯ 33

第三章 健身健美运动科学训练的原理与方法指导 ⋯⋯⋯ 37
  第一节　健身健美运动训练的科学原理⋯⋯⋯⋯⋯⋯ 38
  第二节　健身健美运动训练的基本原则⋯⋯⋯⋯⋯⋯ 44
  第三节　健身健美运动训练的方法⋯⋯⋯⋯⋯⋯⋯⋯ 51

第四章 健身健美运动之形体与体能系统训练 ⋯⋯⋯⋯⋯ 58
  第一节　健身健美运动的形体训练⋯⋯⋯⋯⋯⋯⋯⋯ 59
  第二节　健身健美运动肌肉力量训练⋯⋯⋯⋯⋯⋯⋯ 72
  第三节　健身健美运动柔韧与协调训练⋯⋯⋯⋯⋯⋯ 79
  第四节　健身健美运动耐力训练⋯⋯⋯⋯⋯⋯⋯⋯⋯ 85

第五章 健身健美运动之健身操系统训练 ⋯⋯⋯⋯⋯⋯⋯ 93
  第一节　健身操概述⋯⋯⋯⋯⋯⋯⋯⋯⋯⋯⋯⋯⋯⋯ 94
  第二节　徒手健身操训练⋯⋯⋯⋯⋯⋯⋯⋯⋯⋯⋯⋯ 100
  第三节　器械健身操训练⋯⋯⋯⋯⋯⋯⋯⋯⋯⋯⋯⋯ 117

第六章　健身健美运动之健美操系统训练 …………………… 139
第一节　健美操概述 ……………………………………… 140
第二节　健美操基本动作训练 …………………………… 146
第三节　健美操套路训练 ………………………………… 159

第七章　健身健美运动之瑜伽系统训练 ………………………… 167
第一节　瑜伽概述 ………………………………………… 168
第二节　瑜伽的基本动作与体位学练 …………………… 169
第三节　亲子瑜伽训练 …………………………………… 176
第四节　办公室瑜伽训练 ………………………………… 178

第八章　健身健美运动之其他项目系统训练 …………………… 182
第一节　普拉提训练 ……………………………………… 183
第二节　街舞训练 ………………………………………… 189
第三节　肚皮舞训练 ……………………………………… 198
第四节　广场舞训练 ……………………………………… 202

参考文献 …………………………………………………………… 207

第一章

健身健美运动及其基础知识概述

　　随着全民健身计划的有序实施,健身健美运动逐渐成为人们日常生活中的重要组成部分之一。我国面向广大人民群众全面普及与推广健身健美运动,不仅有利于促进大众体质的增强和健康水平的提升,还有助于推进全民健身、体育强国以及健康中国等国家战略的实施和战略目标的实现。本章对健身健美运动的基础知识进行了阐述,包括健身健美运动的概念、基本价值以及常用术语。

第一节　健身健美运动的概念

一、健身运动的概念

（一）健身

健身是指为促进人体健康、达到理想的生活状态的一种行为方式。健身包括智力、肌体及社会的行为，这种行为结果使身体健康状况得到明显改善，而不仅仅是一种摆脱疾病的状态。健康的人心肺功能强，智力的敏感度高，社交能力强，拥有理想的体质。经常参与健身锻炼，保持健康的饮食习惯和生活方式，避免滥用药品，不断发展摆脱压力的能力，便可以达到理想的健康状态。

（二）健身运动

健身运动是根据人体生命科学原理，运用不同的运动方式，通过各种练习，以增强体质、提高生活质量、延长人类生命为目的的体育运动。[①] 它不是某个单一的项目，而是一个广义的概念，是对所有有益于身心健康的运动项目的概括。

二、健美运动的概念

（一）健美

健美通常是指人体内外健康无病，身体外表优美协调，整体匀称，并具有艺术感。

从审美的角度来看，健美，顾名思义就是健康而优美、健壮、美观。它是根据健康原则、美学原则以及年龄和性别特征，对人体毛发、肤色、体形、姿态、动作和风度等进行的综合评价。

从运动的角度来看，健美是指以各种重力练习为主要形式，以发展

---

① 张先松.健身健美运动[M].武汉：华中科技大学出版社，2009.

全身肌肉、塑造体形为主要目的的体育运动项目。这个专业概念与本书探讨的健美运动是一致的。

(二)健美运动

"健美运动"英文为 BODY-BUILDING,可以翻译为"身体建设",是一项徒手或采用哑铃、杠铃、壶铃及其他特制器材完成各种动作方式,达到锻炼身体、增强体力、发达肌肉、改善体形体态和陶冶情操等目的的体育运动。[1]

健美运动中的身体锻炼是具有建设性的,是以增加身体美感为主要目的的,因此和健身运动中以增进健康为目的的身体锻炼相比进一步提升了层次,获得了升华。

按照健美运动的性质和作用,可以将其划分为两种类型:一种是大众健美运动;另一种是竞技健美运动。两种健美运动各自又包含丰富的内容,见表 1-1。

表 1-1　健美运动分类[2]

健美运动	大众健美	徒手练习	单个动作练习
			组合动作练习
		器械练习	轻器械练习
			重器械练习
			组合器械练习
		矫正畸形	主动矫正
			被动矫正
	竞技健美	肌肉竞赛	个人项目
			双人项目
			表演项目
			特设项目
		健美先生 健美小姐	健美形体展示
			正装展示(男) 晚装展示(女)

---

[1] 张先松.健身健美运动[M].武汉:华中科技大学出版社,2009.
[2] 王月,潘力.健身健美与体能训练[M].北京:清华大学出版社,2014.

三、健身运动与健美运动的关系探讨

（一）健身运动与健美运动相互依附，共同发展

坚持不懈地进行科学运动可以铸造健康的体魄，专门的动作练习是使体形匀称、体格健美和肌肉发达的重要手段，健美的体格也是身体健康的一种更高级的表现。所以，健身运动与健美运动都是促进身体健康的重要手段，二者之间具有非常密切的关系。

从健身运动与健美运动的发展演变历史来看，前者孕育了后者。健身运动的起源与种植、农耕、捕鱼、采集、狩猎等劳动方式、生产生活方式密切相关，也与教育、军事、医学、娱乐等有着不可分割的联系。健身运动是在这些活动的不断演进中形成的，而在健身运动的基础上又孕育了丰富多彩的健美运动。

健身与健美本身也是密切联系的，前者是后者的前提，后者是前者的高级形态，二者相辅相成。无论是健身还是健美，都是以动作练习为手段，以康、健、美为目的的一种创造健壮而美丽的人体运动。由此可见，健身与健美相互依存、相互促进。

全面普及与广泛开展群众性健身运动，能够为健美运动的发展积累良好的群众基础，而且随着健身运动水平的提高，也为提高健美运动水平打好了基础。健美运动的发展及其水平的提高反过来又能进一步促进健身运动的广泛普及。此外，现代健身运动的内涵随着健美运动的发展而变得更加丰富、深刻。

总之，健身运动与健美运动之间密切联系，二者相互依附，相辅相成，共同发展。

（二）健美运动是对健身运动的升华

作为社会体育活动的两个重要组成部分，健身运动和健美运动的基本运动手段都是身体练习，但一个侧重健身，另一个侧重健美。有学者指出，广义的健身运动内容丰富，形式多样，健美运动也涵盖其中。当将健身运动和健美运动有机结合为一个整体时，或者在整体视角下审视健身运动和健美运动时，我们可以更好地理解二者之间相互依存和相辅相成的关系。

健美运动是健身运动发展到一定水平后追求更高层次的结果，即当

人们通过健身运动拥有健康的身体后,开始追求体格健壮、体形健美,从而使健身运动的高级形态——健美运动应运而生。这也说明了健身运动是健美运动的基础,健美运动的健身功效也说明它本质上还是健身运动,但它是高级形态的健身运动。

第二节 健身健美运动的价值

一、健身健美运动的健身价值

在健身健美运动锻炼中,肌肉不断受到各种负荷的刺激,在适宜的刺激作用下,能够使身体形态、身体机能、组织器官等发生积极的变化,尤其是肌肉的形态结构、内部化学成分以及毛细血管组织等的变化,从而促进肌肉发育和身体各部位的生长发育。

(一)改善身体形态

健身健美运动以身体练习为主要手段,各种练习动作的设计都是以人体生理结构特点为依据的,反复进行科学而合理的动作练习,能够矫正不良身体形态,使人获得理想的身体形态。

健身健美运动改善身体形态的价值主要从其对人身体高度、身体围度和身体充实度的积极影响中体现出来。

1. 改善身体高度

高度是身体形态的主要评价指标,能够将人体纵向高度直观反映出来,体现了人体骨骼的生长发育水平。参与健身健美运动锻炼,能够促进新陈代谢的加快和血液循环的改善,积极影响骨的结构和性能,从而促进骨长度的增加、骨径的增粗以及骨密质的增厚,并使骨小梁更加有规律地整齐排列,骨结构的积极变化使人体骨骼看起来更加结实有力。

骨骼的强壮离不开外界压力的刺激,在健身健美运动锻炼中采用负重练习法能够起到强壮骨骼的作用。健身健美运动锻炼还能使骨骼快速生长,从而有增高的功效。

2. 改善身体围度

健身健美运动改善身体围度的作用表现如下。

（1）增加胸围

参与健身健美运动的过程中,机体内部氧气被消耗,若要满足机体活动的需要,呼吸系统就必须以比平时更快的速度工作,从而加快了呼吸频率,增加了呼吸次数,加大了呼吸深度和胸廓活动度。呼吸系统运行中的这些积极变化能够使胸肌更发达,胸围得到增加,使人拥有挺拔的胸廓,改善含胸驼背的不良身体形态。

（2）减少腰围

适当的健身健美运动训练能够减少身体内部的多余脂肪,增加人体胸部和背部的肌肉含量,减少腰部的赘肉,同时还能使肌肉收缩时的力量更强壮、收缩速度更快,使肌肉更有弹性、肌肉耐力更强,同时也能增加肌肉工作的灵活性。

男性进行增强腰腹部肌肉力量的练习,能够锻炼腹肌,健壮体格;女性进行腰腹部的形体训练,能够减少脂肪,改善不良身体形态,从而拥有优美的身体线条。

3. 改善身体充实度

（1）控制体重

健美锻炼运动能够有计划、系统性地控制体重,保持体形;弥补先天不足,使受遗传因素影响较小的胸围、腰围、臂围和腿围等部位发生不同程度的改变,从而控制体重,增加肌肉含量,减少脂肪,提高人体基础代谢率,使人更健康;根据身体各个部位的发展需要,选择合适的动作和方法,有目的地减少局部堆积的多余的脂肪,改善体形体态,使体形达到丰满、匀称、健美,体态变得端庄、大方、优美。

（2）减少皮脂厚度

在健身健美运动中,机体内毛细血管口径变大,肌肉每平方毫米内毛细血管的开放数量达到 2 000 条以上,比安静状态下的开放数量多出了 30 余倍,这样就能够将更多的氧气和营养物质输送给肌肉组织,满足身体活动之需。

当完成运动强度较大的健身健美运动时,机体吸收更多的营养物质来摆脱极度"饥渴"的状态,从而增加了肌肉中的结缔组织,也使肌纤维增粗、肌肉体积增加,并减少了皮下脂肪,全身重量中肌肉重量的占比有所上升。

(二)提升身体机能水平

1. 提高呼吸系统机能水平

参加健身健美运动可以改善甚至完善呼吸系统的功能,使其从构造到功能有可喜的变化。健身健美运动可以使肺组织保持良好的弹性,促进胸廓活动范围的增加,同时加深呼吸,促使肺活量高于不运动的人。

2. 改善消化系统功能

健身健美运动中的一些腰腹动作和髋部动作都能够将消化器官动员起来积极参与工作,从而促进机体消化功能改善,使机体对营养物质的吸收与利用率得到提升。

3. 增强运动系统功能

坚持健身健美运动锻炼能促进骨骼的新陈代谢,改善血液循环,增加骨密度,增强骨细胞的生长能力,使骨骼更加粗壮、坚固,提升抗折、抗弯、抗扭转、抗压缩等性能。健身健美运动还可以使关节周围的肌腱和韧带增粗,加大关节的稳固性,预防与关节有关的运动损伤。

坚持健身健美运动还可以提高关节周围韧带和肌肉的伸展性,扩大关节的活动范围,提高关节灵活性。

4. 提高心血管系统的机能水平

参与健身健美运动,能使心肌纤维增粗,收缩力增强,进而增加每搏输出量,提高心脏的储备力量,预防心血管疾病,保护心脏健康。另外,坚持参加健身健美运动,还能使动脉管壁的中膜增厚、弹性纤维增多、血管的运血功能加强。

5. 改善神经系统功能

人体参与一些健身健美运动时,离不开中枢神经系统的支配与调节,如在音乐伴奏下不断变换与调整动作力度、速度、方向和路线,这对运动者的反应力、注意力都提出了很高的要求,经常参加这些运动可以使神经系统更加灵敏。

二、健身健美运动的健心价值

(一)稳定情绪

健身健美运动能够促进体质的增强、体格的健壮,可以塑形美体,使人们追求美的心理得到满足,并使人通过健身健美而获得良好的情感体验,预防不良心理问题的出现,疏导已有的心理问题,消除不良情绪,保持积极稳定的情绪,形成乐观向上的稳定的性格。

(二)使精神饱满

人们参加健身健美运动,从中感受运动的快乐与协作的和谐,在战胜困难、达到目标后获得愉悦感、成功感,表现出"扬眉吐气"的良好精神面貌。健身健美运动环境比较开放、自由,参与其中的人相互交流、鼓励,彼此信任、合作,在振奋人心的运动氛围中共同完成任务,实现目标,使人精神饱满,并将这种精神延续到生活中的方方面面,同时也对他人产生积极影响。

(三)增强自信心

健身健美运动能够使参与者拥有强健的体魄和健康优美的体形,外表看上去丰满匀称、健康优美,并以端庄大方的体态吸引他人的注意力,获得他人的欣赏,这能够使人从内心深处获得愉悦和自信,提升自信心。

强大的自信心又能够使人不畏艰难,坚持完成健身健美运动中的难度动作练习,提高运动水平,这反过来又将增长自信,从而形成一个具有重要价值的良性循环系统。

(四)锻炼意志

个体从自身实际情况出发明确努力的目标,并克服困难,坚持不懈,最终实现目标的过程便是意志。缺乏运动基础的人刚开始参与健身健美运动时,难免会遇到困难,如在练习过程中动作不规范、肢体不协调、肌肉力量差,身体不灵活,缺少耐力和韧劲,但如果能通过调整运动处方、寻求有效指导等手段而坚持克服这些困难,最终一定能成功完成动作,提高运动水平。可见,参与健身健美运动是磨炼人意志力的过程,能够培养人的意志品质,使人变得果敢坚韧,有恒心、有毅力,顽强拼搏,这也是学习和工作中不可缺少的重要品质。

(五)促进智力发育

对人类而言,能够正确感知外界和认识世界的前提之一是智力正常。智力与心理健康密切相关,它是心理健康的基础。参加健身健美运动能够调节人的神经系统,提升神经系统功能的灵活性、协调性,使处于应激状态下的神经系统的兴奋机制与抑制机制合理转换,迅速而准确地做出反应,这能够有效提升智力水平。此外,科学合理的健身健美运动能够增加大脑重量与大脑皮层厚度,增加脑细胞树突,使大脑容纳更多的信息,这是智力发展的重要基础条件。

健身健美运动能够改善人的注意力、反应力、思维能力和记忆力,使人保持稳定的情绪和拥有开朗的性格。这些非智力因素的发展能够促进智力的发展。

此外,人们在健身健美运动中的各种心理体验也能使人的智力活动得到强化,有利于进一步发展智力。

三、健身健美运动的社会价值

(一)提高社会适应能力

1. 提升沟通能力

人们在参与健身健美运动的过程中,免不了与有共同健身爱好的人交流经验,切磋技能。健身健美运动的参与者在运动过程中相互不断进行着直观及时的、主动准确的沟通,相互分享信息和心得。语言表达、肢体行动是参与者相互交流的主要手段,健身健美运动能够有效锻炼人的沟通能力,包括语言上的表达和肢体上的沟通。

2. 提高协作能力

个体参与健身健美运动的过程也是与他人进行交流互动和共同进步发展的过程。从社交层面来看,参与健身健美运动这一行为本身就具有沟通与合作的性质,参与者相互对话,旨在实现共同的目标。

健身健美运动参与者之间的"对话"包括多种形式,如切磋技能、交流经验、分享方法、遇到困难时相互鼓励以及在难度动作练习中互相为对方提供保护与帮助,这些对话形式涉及多个层面的内容,包括健身健美运动知识、运动参与态度以及体育情感和价值观等。

参与健身健美运动的过程中,对话双方是平等的,在交流与合作中共同探索未知、共同进步,谁都不是高高在上的,谁也不必觉得低人一等。健身健美运动中的互动、合作能够促进参与者协作意识与能力的增强。

3. 构建和谐的人际关系

人们参与健身健美运动并不是一时兴起,而是先对健康、健美有需求,并对健身健美运动的重要性有了一定的认识,然后在意识的支配下和情感的激励下产生了实际的参与行动。健身健美运动的参与者可以是各种各样的人,不管任何社会阶层、年龄、性别、经济条件的人都能参与其中,经过坚持不懈地参与而实现自己的目标,从中获得愉悦和成功的体验。

在整个运动过程中,参与者的付出与收获是成正比的,参与者个体是自由的,相互是平等的,形成了个体之间相互尊重、相互学习、相互鼓舞、相互包容的和谐氛围,这对参与者在社会交往中与他人和谐相处,形成良好的人际关系具有很大的帮助。

(二)扩展社会生活空间

健身健美运动能够使健身爱好者的运动区域更加宽广,不再限制于狭小空间内。无论是参加室内的健身健美运动,还是参加户外健身运动,参与者的生活空间都在原来的基础上得到了扩展。人的生活空间一旦扩大,心理空间也会受到良好的影响。人们利用休闲时间参加健身健美运动,能够使身体得到放松,使心理平静下来,缓解身心疲劳,运动后经过积极性休息又能恢复充沛的精力,以良好的精神状态投入生活中,以积极乐观的心态对待生活中的大小杂事,从而热爱生活。

健身健美运动不但能够使人放松身心,陶冶情操,拓展生活空间和心理空间,还对参与者个性的完善、创新精神的培养有积极作用,从而使参与者摆脱单一的生活方式,从社会激烈竞争造成的压抑空间中解脱出来,在开阔的生活空间中获得享受,感受生活的真谛与快乐。

(三)提供情感平台

参与健身健美运动能够使情感体验更丰富、深刻。体育运动作为一种新的社会生活方式,本身就具有强烈的感情色彩,其蕴藏着体育运动发明者和参与者的高级情感,同时也能触发参与者的高级情感。

人们在健身健美运动中追求获得成功后的荣誉感、相互合作的信任感、扮演角色的责任感以及公平竞争的道德感等。可见,人们在参与健身健美运动的过程中,其高级情感由运动承载,并在运动中变得更加充实、强烈。参与者的情感体验既丰富多彩,又复杂多变,与现代人追求丰富情感的特征比较相符。

在不同的健身健美运动中,人们所获得的情感体验是有区别的,如在趣味性健身健美运动中,人们能够感受到运动的乐趣,获得运动的愉悦感。在家庭环境下开展的健身健美运动中,家庭成员可以体验亲情、归属感和幸福感。在集体类的健身健美运动中,人们可以感受到集体荣誉感、团队信任感以及实现自身价值的成就感。

(四)促进社会和谐

健身健美运动能够使参与者的精神状态得到有效的调节,缓解参与者的精神压力。人们可以将健身健美运动作为社交手段而拉近与他人的距离,进入立体空间状态,在开阔的空间中与他人相互交流、友好互动、协同配合,在处理人际关系时形成豁达的心态、积极的人生态度,时刻保持阳光乐观的状态,这对参与者个体社会适应能力的提升以及和谐社会环境的构建都有重要意义。

第三节 健身健美运动常用术语

一、健身健美运动术语概述

健身健美运动术语指的是健身健美运动训练中统一使用的概念和技术用语,包含大量关于健身健美运动理论与技术的专用词汇,具有简练性、明确性和约定俗成性,能够对健身健美运动进行抽象或形象的概括。

不管是政府推广健身健美运动,还是有关单位组织健身健美运动和个体参与健身健美运动,都必须规范使用健身健美运动术语,这是推广与普及健身健美运动以及促进个体学习与交流的重要手段。[①]

二、健身健美运动中常用术语释义

（一）名词术语

健身健美运动的名词术语也就是名词概念,其高度概括了健身健美运动的专业知识。对健身健美运动常用名词术语的了解与掌握有助于参与主体快速获取、正确理解以及有效应用健身健美专业知识。

下面具体介绍健身健美运动锻炼中的常用名词术语,以锻炼实践中的常用术语为主。

1. 运动量

运动者在运动过程中完成的生理负荷总量就是运动量。运动量包含练习次数、负荷重量、练习密度、练习时间等因素。

2. 练习负荷

在某一动作的练习中经常提到的练习组数、练习次数以及练习重量构成了练习负荷。

3. 练习密度

单位时间内运动者重复练习的次数即为练习密度。我们能够从中判断练习数量与练习时间的关系。

4. 有氧代谢

有氧代谢是指人体运动时糖、脂肪在氧气足够供给的条件下,氧化成二氧化碳和水。同时释放大量能量,供三磷酸腺苷和磷酸肌酸再合成,并释放出化学成分,供给肌肉需要的代谢过程。

5. 无氧代谢

无氧代谢是指人体运动过程中氧气供应不足,肌肉利用三磷酸腺

[①] 张先松.健身健美运动[M].武汉:华中科技大学出版社,2009.

苷、磷酸肌酸的无氧分解和糖的无氧酵解生成乳酸,释放能量,再合成 ATP 供给肌肉需要的代谢过程。

6. 有氧运动

机体以有氧代谢方式提供能量的运动就是有氧运动。这类运动的特点是负荷强度较小,速度较慢,次数多,常见项目有长距离慢跑、跳绳、爬山、有氧舞蹈等。

7. 无氧运动

机体以无氧代谢的方式提供能量的运动就是无氧运动。这类运动的特点是强度较大,速度快,次数少,常见项目有短跑、举重以及跳跃类和投掷类运动。

8. 靶心率

运动者在身体练习中应该达到的运动心率范围标准即为靶心率。

9. 超量恢复

人体在超负荷训练后,能量物质代谢超过原有恢复水平状态,这就是所谓的超量恢复。在健身健美运动中,肌肉运动量越大,能量物质消耗越快、越多,超量恢复越明显。[1]

(二)动作术语

下面是健身健美运动中最基本的一些动作术语。

1. 举

举指上肢或下肢从低到高运动的过程,如举腿。

2. 屈

屈指关节弯曲时相邻骨之间的夹角变小,如屈臂。

---

[1] 王月,潘力. 健身健美与体能训练[M]. 北京:清华大学出版社,2014.

3. 伸

伸指关节伸展时相邻骨之间的夹角变大,如伸臂。

4. 蹲

蹲指两膝关节并拢或分开时屈膝的姿势。
(1)全蹲
全蹲指人体屈膝时大小腿夹角小于90°。
(2)半蹲
半蹲指人体屈膝时大小腿夹角等于或略大于90°。

5. 支撑

支撑指某个身体部分撑在地面或器械上,但关节轴高于器械或与器械持平的姿势。

6. 绕

绕指移动范围在180°～360°之间的弧线形动作。

7. 绕环

绕环指移动范围在360°及以上的圆形动作。

8. 坐

坐指臀部或大腿坐在地上和器械上的姿势。
(1)正坐
躯干与下肢夹角约成90°。
(2)俯坐
躯干与下肢夹角小于90°。
(3)斜坐
躯干与下肢夹角大于90°。

9. 振

振指臂、腿和躯干做用力加速的弹性摆动动作,如臂上举后振。

第一章
健身健美运动及其基础知识概述

10. 踢

踢指单腿做用力加速摆的动作,如前踢腿、后踢腿。

11. 悬垂

悬垂指人体某部分握或者支撑器械时,其他部分不接触地面和器械,但关节轴低于器械轴的一种姿势。

12. 握距

握距指手握器械时双手的距离。

(1)窄握距

窄握距指两手握住器械的距离小于肩宽。

(2)并握距

并握距指两手并拢握住器械。

(3)中握距

中握距指两手握住器械的距离等于肩宽。

(4)宽握距

宽握距指两手握住器械的距离大于肩宽。

13. 站距

站距指两脚分开站立的间隔距离。

(1)窄站距

窄站距指两脚分开站立的距离小于或等于髋宽。

(2)中站距

中站距指两脚分开站立的距离等于肩宽。

(3)宽站距

宽站距指两脚分开站立的距离大于肩宽。

14. 无冲击力动作

两脚都接触地面的动作或不支撑体重的动作,如双腿半蹲。

15. 低冲击力动作

一只脚接触地面的动作,如踏步。

16. 高冲击力动作

两脚都离地,即有腾空的动作,如开合跳。

第二章

健身健美运动训练的学科理论基础

随着社会的发展以及人们生活水平的提高,人们的健康意识和对运动的需求也越来越高。但是在正式开展健身健美运动之前,首先需要学习和掌握相关的理论知识,以保证日后的运动训练能够在科学合理的前提下进行。本章将从运动生理学基础、运动心理学基础、运动营养学基础以及体育保健学基础四方面展开阐述,希望对即将进行健身健美运动的广大人群提供一些助益。

第一节　运动生理学基础

运动生理学主要研究人类运动现象的生理属性,揭示运动对人体机能的影响,阐明运动训练、体育教学过程中的生理学原理,指导不同年龄、性别的人进行科学的训练,最终提高运动员的竞技水平,提高全民的体质。运动生理学是生理学的一个重要分支,是体育科学中重要的基础理论学科。下面简单阐述运动生理学中的相关理论知识。

一、肌肉运动

(一)肌肉的结构

肌肉在体育运动中的作用不言而喻,人体参与任何一项体育运动都离不开对肌肉的调节。肌肉通过收缩与舒张两种形式实现肌肉的活动,在肌肉进行收缩、舒张的过程中,其张力和长度发生了明显的变化,与之相连的骨杠杆随之发生位移,帮助人体完成各种身体姿势,开展各种身体活动。

人体运动系统由各部位关节、200多块骨骼、600多块肌肉等构成。肌细胞(又称肌纤维)是组成人体肌肉的基本结构和功能单位,呈细长的圆柱状,肌细胞内部有细胞质和多个细胞核。包裹在肌细胞外部的一层薄膜叫肌膜,肌膜内呈圆柱状的、上面带有横纹的物质叫肌原纤维。肌原纤维由两种蛋白质微丝(又称肌丝)排列而成,粗肌丝由肌球蛋白构成,细肌丝则是由肌动蛋白、肌钙蛋白、原肌球蛋白构成。粗、细两种肌丝的相对滑动使得肌肉的舒张与收缩成为可能。

许多肌纤维排列在一起,形成肌束,在肌束的表面包裹着一层肌束膜,许多肌束聚集在一起,最终形成了一块肌肉。生理专家通过分析肌肉的化学组成成分发现,肌肉中75%是水,25%是包括蛋白质、各种酶在内的固体物质,肌肉中富含大量的毛细血管网,为肌肉活动输送氧气和养料,并且肌肉中富含神经纤维,使得肌肉的活动情况受神经系统的控制。

(二)肌肉的种类

通常情况下,人体内部肌肉包括骨骼肌、平滑肌、心肌三种。其中,骨骼肌数量最多,体重占比最大,任何躯体运动都需要依靠骨骼肌的活动来实现。平滑肌、心肌则与内脏器官的活动(如胃肠道的运动等)有关。

(三)肌肉的收缩形式

肌肉主要负责实现收缩活动,根据肌肉收缩的长度差异、张力变化,收缩形式可以分为以下几种不同的类型。

1. 向心收缩

此种收缩方式最为常见,起跳、屈肘、持拍等多种动作的实现都需要依靠肌肉的向心收缩。向心收缩指肌肉在进行收缩的过程中,产生了大于外加阻力的张力,从而造成了肌肉缩短,与之相连的骨杠杆做相向运动的一种收缩形式。在这种肌肉收缩形式下,肌肉起止点之间的距离缩短了。

2. 拉长收缩

当肌肉的收缩力小于外力时,肌肉被拉长,肌肉起止点之间的距离逐渐扩大,这种肌肉收缩的形式被称为拉长收缩。肌肉在进行拉长收缩时,收缩力的方向与肢体的移动方向相反,因此,起着制动、减速的作用。

3. 超等长收缩

超等长收缩指肌肉先进行拉长收缩,使肌肉被拉长,随后再进行向心收缩,使得向心收缩产生了更大的输出功率。在实际训练中,利用这种方法能够使肌肉得到有效的锻炼。例如,在跳深练习中,运动员先从高台上跳下深蹲,使包括臀部肌在内的肌肉预先被拉长,为随后的起跳创造条件。

4. 等长收缩

当肌肉的收缩力等于或小于外力时,肌肉在收缩,但是肌肉起止点之间的距离不变，这种肌肉收缩的形式被称为等长收缩。肌肉在此种收缩形式下虽然没有做外功，但是依然消耗了能量。武术中的马步蹲、体操吊环中的十字悬垂等动作都属于肌肉等长收缩动作。

二、物质代谢

（一）糖类代谢

1. 糖类的作用和在人体内的存在形式

糖是构成人体组织、细胞的重要组成成分，是人体的能量来源，在某些条件下，糖还可转化为脂肪和蛋白质。人体日常消耗的能量70%来自于糖类。

糖原、葡萄糖是人体内最常见、最重要的糖类。糖通过食物进入人体被充分吸收后，一部分以血糖的形式存在，作为糖类的运输形式，另一部分则进入肝脏、肌肉中，以肝糖原、肌糖原的形式存在，作为糖类的贮存形式。血糖、肝糖原、肌糖原在体液的调节下，维持着动态平衡。

2. 糖类在体内的代谢

糖类通常作为能量的供应者，在体内被分解消耗。其代谢途径主要有以下两种：糖酵解和有氧氧化。糖酵解不需要耗氧，糖在体内的组织细胞中分解为乳酸，并释放能量，供机体各项生理活动和运动所需。但是糖酵解所释放的能量较少，速度较快。一个分子的葡萄糖分解生成2分子乳酸，最终转化为2分子的ATP（三磷酸腺苷）。而有氧氧化是机体供能的主要形式，它释放的能量较多，基本上是糖酵解的19倍。葡萄糖在有氧条件下进行彻底分解，最终生成二氧化碳和水。

（二）脂肪代谢

人体内的脂类物质少数以游离的形式存在于血液之中，大部分以脂肪的形式存在于皮下、各组织、器官中，人体内部的脂肪约占体重的10%～20%。

食物或体内的糖是脂肪的重要来源，脂肪不仅是体内的能量供给者，还是组成细胞的重要成分。脂肪在体内发挥着重要的作用，例如，保护内脏器官不受外部伤害、防止体温散失等。

脂肪在一定条件下能够氧化成为二氧化碳和水,并在此过程中释放出大量的能量。在长时间的运动锻炼中,脂肪氧化供能的比例会逐渐加大。

(三)蛋白质代谢

蛋白质作为重要的能源物质、生命活动的物质基础,不仅能够帮助有机体建造、修补再生组织,还与有机体内部的生理机能、代谢过程密切相关。与糖和脂肪不同,蛋白质不能在体内贮存,所以人们需要每天从食物中摄入蛋白质,以维持基本的生理需要。

通常情况下,蛋白质不作为人体的能量来源为机体供能,但是在长期饥饿、疲劳的情况下,有机体能够通过蛋白质氧化为机体提供必要的能量。

蛋白质的代谢过程(分解与合成过程)对于维持人体生命活动十分重要。由于蛋白质中的主要成分是氨基酸,所以蛋白质的代谢过程以氨基酸代谢为基础。许多激素参与到蛋白质的代谢过程,如肾上腺素、甲状腺素、生长激素等。在蛋白质的代谢过程中,生长激素含量的增加有助于蛋白质的合成,加快了蛋白质合成的速度,使肌肉变得健壮。

从事力量性、耐力性项目的运动员在日常的运动训练中需要特别重视蛋白质的补充。

第二节　运动心理学基础

一、运动心理学概述

(一)运动心理学的概念

运动心理学是心理学的一个分支,主要研究运动范畴内的心理学基础,它包括人在体育运动中心理过程的特点和规律,以及不同个性差异与体育运动项目的关系。比如射击运动员都是内向型的吗?另外,运动心理学也研究体育活动对心理过程和个性特征的影响。比如长期参加运动训练会改变人的性格吗?运动心理学还研究掌握运动知识、形成运动技能、进行技能训练的心理学规律。比如利用一些心理手段帮助运动员更好地训练和比赛,研究比赛中是立足于自己跟自己比,还是立足于与对手比,才能使情绪更稳定?在比赛中达到的最佳兴奋水平是多少才合适?如何区分和评定运动员的心理疲劳和生理疲劳?在比赛的关键时刻优秀运动员进行判断和决策的依据是什么?

(二)运动心理学研究的内容

运动心理学主要研究竞技运动领域、体育教育领域和大众健身领域。我们这里重点关注的是大众健身领域的相关心理学内容。

大众健身领域的心理学,主要围绕大众在进行体育锻炼时产生的动机问题以及心理健康问题。运动动机涉及人们参与运动或停止锻炼的原因,以及影响人们体育锻炼动机的因素。大众健身主要是以自发自愿的形式进行,与竞技体育运动员的训练和学生在校期间的教学训练不同,大众健身鲜有专业教练和教师的指导和督促,他们更多的是凭借自身的知识技能和自律品格完成锻炼。通过运动心理学的研究,可以指明体育锻炼对心理状态的影响、长期进行体育锻炼对健康人心理特征的影响、长期进行体育锻炼对患者心理疾病的治疗作用、体育锻炼促进心理健康的机制等问题。这些研究成果与大众健身密切相关。总之,大众健身领域是运动心理学研究的重要领域之一,大众健身领域的心理学研究对于促进大众健身具有重要影响。

二、运动动机

运动动机是人们训练和比赛的主要动力源泉,无论是职业运动员还是大众体育爱好者,能够长期进行体育锻炼都需要具有相应的运动动机。

(一)运动动机的概念

动机是推动和维持人们进行某些活动的心理动因或内部动力,它往往导向一定的目标,满足人们的某种需要,或达成某种愿望。运动动机是指推动人们参与体育运动的内部动力,它是一种内部心理活动过程。运动动机的产生需要两个条件,即机体内部的因素,也就是需要;以及机体外部的因素,也就是诱因。需要是人们因对某种东西的缺乏而引起的内部紧张状态和不舒服感。当某种需要没有获得满足时,人们自身的平衡状态便会遭到破坏,造成生理或心理上的压力或紧张。为了解除这些压力或紧张,人们便会去寻找满足需要的对象,从而产生活动的动机。强身健体、宣泄情绪、获得团体认同等都是人们参与体育运动的需要。诱因是激发动机的外部因素,即人们自身之外的各种刺激,包括各种生物性的和社会性的因素。如荣誉、高额的经济回报等都能够促使人们参与体育运动。总之,内因和外因同等重要,不分先后,在推动人进行运动时,内因和外因分别承担着不同的角色,起到不同的作用,运动动机常常取决于需要和诱因的相互作用,其中内因是主要的,外因通过内因起作用。

(二)运动动机的功能

运动动机可以推动人们进行必要的准备和行动。比如有了运动动机,人们能够更加自觉自发地进行锻炼,会根据自身的愿望设定一定的目标,并从饮食和生活作息等不同方面给予支持。最基本的包括少食高热量、高脂肪的食物,少吃或者不吃垃圾食品,多吃优质蛋白和新鲜蔬菜,作息规律,保证充足的睡眠等。具体而言,运动动机具有始发功能、指向功能、维持和调整功能。

1. 始发功能

运动动机可以引起和发动人们的体育活动,使他们由静止状态转向活动状态。比如为了获得健康的体质、健美的身材,人们愿意投入时间、精力和持续的努力进行锻炼,一旦运动动机形成,会带给人们一股推动力,将自己的愿望付诸实践。

2. 指向功能

运动动机不仅可以激发行为,还可以指引活动向某一目标进行。

3. 维持和调整功能

当动机激发起某种活动后,活动能否持续下去同样受到动机的调节和支配。如运动动机与坚持时间的长短有关。当参加自己感兴趣的活动时,运动员会坚持很长的时间,即使遇到困难也会设法克服。而当从事不喜欢的活动,没有较强的运动动机时,运动员坚持的时间就会比较短。在遭遇逆境或处于低潮期时,运动员是否能够依然为目标而坚持奋斗，在很大程度上都取决于其动机水平。

（三）运动动机的分类

1. 生物性动机和社会性动机

生物性动机也被称为驱力，是以有机体自身的生物学需要为基础，如因饥饿、口渴、疼痛、睡眠、性欲等生理需要而产生的动机。社会性动机是以人的社会性需要为基础，如因交往、成就、尊重等需要而产生的动机。这些动机可以不同程度地推动人们参与体育活动，增强体育锻炼，从而得到相应的满足。

2. 直接动机和间接动机

直接动机是以直接兴趣为基础、指向活动过程的动机。比如在很小的时候就表现出对足球的喜爱和着迷。间接动机是以间接兴趣为基础、指向活动结果的动机。比如人们加强身体锻炼，发展健身和健美活动并非是喜欢健身活动本身，而是希望通过健身达到减肥塑形的目的。当运动目标具有一定难度且要付出较大努力时，直接动机就表现出局限性，此时间接动机因为与行为的目的和意义相联系，比如可以获得好身材从而增强自信心等。

3. 外部动机和内部动机

外部动机是指来源于外部的动机、外部的刺激，比如可喜的奖金、极佳的赞誉等都会促使人们克服困难、坚持锻炼。内部动机顾名思义是来自个体的内在需要。比如喜欢在体育活动中享受身体的释放感、刺激、成就感、自尊心、归属感和自我实现等心理需要。相比较而言，内部动机的推动力更大，维持时间更长，是推动人们进行健身健美的主要动力。一般来说，人们能够长期稳定地进行身体锻炼，需要内部动机和外部动机相结合，比如通过一段时间的锻炼，减肥见到成效，受到朋友的赞美，就会形成一个有力的外部动机。运动员可能会同时受到两种动机的影响，同时具有内部动机和外部动机的运动员发展得最好，如具有较强的坚持性、积极的态度、坚定不移的专注力等。

(四)动机与运动表现的关系

归因理论、自我效能理论、认知评价理论和目标定向理论是关于动机与运动表现的公认的四大理论。

1. 归因理论

归因理论是关于判断和解释他人或自己的行为结果的原因的一种动机理论。比如在遇到困难时,人们通常会做出一些归因处理,可能归因为能力、努力、运气或者是任务难度。在每一种归因的背后,又可以有不同的解释和应对。例如,能力和努力属于内在因素,运气和任务难度属于外在因素。内在因素可以控制,外在因素不能控制。同时,能力和任务难度是稳定的,努力和运气是变化的。另外,努力又属于自己可控的,而能力、任务难度和运气属于不可控的。总之,基于这样的分类,可以通过归因导向干预人的心理环境和认知,从而选择一个更积极有力的方式对待健身健美活动。

2. 自我效能理论

自我效能理论是关于自我效能影响因素和重要作用的理论。该理论认为,自我效能的形成受四种信息的影响,即成功的表现、替代经验、言语说服和情绪唤醒。自我效能也称为"自我效能感""自我信念""自我效能期望"等。

3. 认知评价理论

认知评价理论是内部和外部动机整合理论的分支理论,它的基本观点如下。

①任何一个事件均具有控制性和信息性两种功能。
②事件的控制性功能影响人的自我决策。
③事件的信息性功能影响人的能力感。
④控制性功能和信息性功能不是独立的,它们的交互作用影响运动动机。
⑤一个事件对一个人来说控制性和信息性究竟如何,取决于他或者她对此事件的认知评价。

三、运动动机的培养与激发

（一）追求乐趣的需要

大多数人进行健身健美活动，无论他选择什么样的运动，这里面一定有追求乐趣的需要。比如，安静、喜欢独处的人会选择慢跑、游泳等可以独自完成的运动，他们喜欢一边运动一边思考。也有人喜欢竞技性强的比如足球、篮球运动，他们希望在运动的对抗中寻求更加刺激的感受，从而获得良好的运动体验。体育运动的魅力之一就是具有强烈的挑战性与趣味性，并集身心于一体。

（二）胜任感的需要

胜任感是指个体对自己的技术和能力有积极的认知，并认为有能力在运动中取得成功。胜任感是体育运动中最普遍、最强烈的需要，对于普通的运动爱好者而言，虽然没有运动员那样突出，但是胜任感仍然是每个进行运动的人都追求的一种基本需要。对一个动作、一项运动挑战成功所带来的积极反馈可以抵消之前所有的艰辛。

（三）归属感的需要

归属感是从属于一个集体的需要，是人特有的心理需要。当个体产生了归属于某一团体的感觉，会莫名地提升安全感和幸福感，可以抵消孤独感。人们在进行健身活动或者健美活动的时候，由于共同的目标和兴趣会结识许多新朋友，他们可能是某个健身团体，或者民间的一些自由小组，大家在一起可以交流经验，交换观点，分享快乐，互相鼓励，于是形成一个具有一定凝聚力的健身群体，这会比独自摸索多了一些支持，也会获得一定的归属感。当然，寻找到合适的训练同伴或形成一个友好互助的团体需要时间和耐心，也需要一些运气。

（四）自主的需要

发展自主性是个体成长中一项基本的需求，尤其是从青少年向成人转型时期显得更为重要。因此，人们在开展健身和健美活动的过程中，其实也是对自主权的表达。通过自主设定锻炼目标，选择锻炼项目，安排锻炼的时间和进程，从而调节生活作息和日常安排，这一系列的决定与选择，都充分体现了个体的自主权的行使。也许表面上看仅仅是制订一个健身计划，但实际上还包含了对他们自主需要的满足。一旦掌握了自主权，人们就会感到有义务完成训练、实现目标。大量研究表明，否定个人控制自己生活的权利，会损害其内部动机，而给予个体一定的掌控自己生活的机会，并鼓励他们个人发展，人们就会获得满足，并能为自己负责。

第三节　运动营养学基础

一、营养概述

对于健身和健美的群体而言，营养观念和运动知识一样重要。对于普通的运动爱好者、减脂塑形的人群来说，掌握好营养知识基础，甚至能达到事半功倍的效果。如果人们想获得理想的训练效果，尽快实现训练目标，就不得不重视营养的摄入和配合。"三分练，七分吃。"否则，动作即使做得再到位，训练再怎么严格，如果营养和饮食配合有误，那么所有的训练都就会大打折扣，不能达到应有的效果，还会给人带来挫败感，还可能会损伤人们参加运动的热情和积极性。这是因为我们所有训练水平的提高和运动能力的获取，都来源于肌肉的发展，而肌肉的发展需要有充分营养的供给，肌肉不可能凭空就变得发达和强壮。训练水平和运动能力是不会凭空就获得提升的，良好的营养水平不仅是提高自身训练水平和运动能力的基础，更是保持我们身体健康的根本。

二、营养的基本法则

对于那些刚刚开始准备加入健身队伍的人来说，他们往往抱有很高的热情和期待，立志要排除各种诱惑和自身的惰性，严格按照既定的锻炼计划进行，并期待获得满意的健身效果或者健美效果。然而，完美的运动计划只是其中的一部分，营养学基础知识以及相应的配合运动的营养食谱也是不可或缺的。并且，仅有认真对待构建营养知识的态度是不够的，还必须充分了解一定的营养常识，掌握自主辨别对错、灵活调整饮食计划等素养,才能够带给自己身体健康切实的帮助。

营养相比训练方法、训练理论并不简单,甚至还更为复杂。因为营养涵盖的范围非常广泛,对于不同基础、不同目标、不同体质的个体有着不同的作用。但是对于具有非竞技性的普通健身人群而言,并不需要那么严谨和严格,只要能够提高训练水平、维持身体健康就可以满足需要。

营养摄入是有法可循的,无论人们是想增肌还是减肥,甚至治疗一些生理疾病,都需要遵循此法则。在正式开展健身健美运动之前,有必要熟知这些营养法则,才能够让运动健身之路更为顺利。

(一)营养摄入要满足多样性

营养的种类繁多,人体的生命生理活动需要全面的营养物质参与,缺少任何一种都会带来不同的结果,因此,不能有哪一类营养物质完全不摄取或者只摄取某一种或几种营养物质这种极端的饮食方式。即使对于减脂、减肥的人群也是一样的,如果采取零脂肪、零碳水化合物,甚至零水分的极端饮食,虽然可以快速达到预期目标,但是却会给身体健康带来长久的损害,而且一旦稍有松懈就会快速反弹。因此,在构建营养工程时,首先要明确一个基本的营养观念,就是多种营养的全面摄入。我们在营养工程的构建上有着诸多的问题,其根源就在于对于营养的摄入不够全面。

(二)营养摄入的针对性

尽管营养摄入要保持全面,但是在健身和健美的过程中,由于身体的基础不同、训练目标不同,因此需要在相关饮食方面加强或减少摄入的营养物质也有所不同,需要做到有针对性地构建营养计划才能达到预期的效果。例如,对于那些"肉食类爱好者",有助于消化吸收的绿色蔬菜就需要提高摄入量;对于那些以健身养生为目的的训练者,抗衰老的食物应当频频地出现在食谱中。如果不注意营养摄入的针对性,那么训练目标自然也就无法达到,甚至还会扰乱营养吸收的规律而事与愿违。

(三)营养摄入的持续性

营养的构建并非短期就能看到成效,必须耐心地按照既定要求和目标持续地、有序地进行,经过长期的累积过程,才可以确保自身的健康与安全。例如,某些食物可以帮助我们达到提高爆发力的目的,但是这是建立在长期持续合理摄入的基础之上的,不是坚持一周之后就能得到华丽变身的效果。"随意性饮食方式"不但不能提高辛辛苦苦的训练效果,反而还会影响最基本的身体健康。

(四)营养摄入的主次性

营养的摄入是有主次之分的。比如一个下定决心要认真执行训练计划的人,首先要清楚并确立基础饮食的核心地位,尽管现在已经推出一些针对训练健身的运动补充剂,这些产品也可以提高营养摄入的效率,但是并不能替代基础饮食,无论科技如何发达,基础饮食的重要性都不可能被撼动。另外,运动健身的人一定要养成一日多餐的习惯,也就是说正餐与加餐要遵循一定的主次性安排。比如一般会建议选择在正餐中优先摄入蛋白质、维生素等营养物质,将热量、碳水化合物等容易导致脂肪大量堆积的食物分次分餐摄入,就可以很好地避免脂肪堆积的问题。

(五)营养摄入的搭配性

科学理性地认识各种食物的营养价值,注意营养的均衡搭配也至关重要。在对于食物的营养介绍中,常常都是单一地表述其营养成分和对身体的影响。而实际上,"吃某种食物可以增肌,或者吃某种食物可以减脂",这是比较片面的结论,因为它们并不是我们一日食谱的全部。如果想更好地达到预期目标,还必须做好对其余食物的选控。比如尽管生菜作为蔬菜中的一种,对于减脂有很大帮助,但如果你给它搭配了猪肉、动物肝脏等脂肪含量极高的食物,同样无法发挥它本身的减脂效果,反而会给你带去体重飙升的苦恼。

(六)营养摄入的规律性

营养是辅助身体生理活动的必需品,因此在营养摄入方面要遵循身体的规律性。比如每天要保证固定的用餐时间,这对于构建营养工程同样是十分重要的,不规律的饮食不仅会降低身体的消化吸收能力,还会间接影响每日的训练和睡眠,长久下去会对身体健康产生不良影响。总之,无论是健身健美还是达到普通的健康要求,暴饮暴食都是不可取的。

（七）营养与口味

无论是营养问题还是饮食话题，都绕不开口味，如果进行健身健美运动就不能再大快朵颐、随心所欲地享受美食了。如果你是个狂热的美食爱好者，那么必须忍痛割爱。并非是要放弃一切美食，而是要严格控制食物的烹饪方式，比如极容易破坏食物营养的烹调方式如煎、爆、炸等就要放弃了。

（八）注意训练的搭配

在健身和健美的过程中，需要明确的是，营养和锻炼需要搭配进行。"吃"是可以吃出肌肉、身材、力量和爆发力的，但是没有人是只靠吃，不训练就能达到这些目标的。特别是一些女性希望通过饮食的方式就达到减肥的目的，不可否认，饮食对于健身和健美具有举足轻重的影响和作用，但是，仅有饮食还不够，必须搭配运动和锻炼，才能持久地保持锻炼的成果，不会轻易反弹或者感到身体不适。你不能把任务全部交给自己的消化器官去完成，这对它们来说是十分苛刻的。

三、合理的营养补充

（一）蛋白质

蛋白质是维持生命最基本的物质之一，也是肌肉最基本的组成部分，是营养补充的万物之首。对于开展健身和健美活动的人而言，首先要重视的就是摄入充足的蛋白质，而且要选择优质蛋白质，这是决定合理营养补充最基本的一步。下面是日常生活中几种常见食物的蛋白质价值等级。

1. 猪肉

100 克猪肉中蛋白质含量为 16 克左右，吸收能力中等。但是，对于真正健身减脂的人群来说，由于猪肉含胆固醇、脂肪很高，所以并不适合放在健身人群的日常食谱之中。

2. 牛肉

100 克牛肉含有 20 克蛋白质，但吸收能力不高。而且牛肉除了蛋白质含量高以外,脂肪含量也一般,并且富含肌酸,肌酸是 ATP 供能的主要物质和来源,因此牛肉是可以提高力量和爆发力很好的营养源。

3. 鸡肉

100 克鸡肉含 24～25 克蛋白质,吸收能力较强,远远高于牛肉和猪肉,因此,鸡肉是健身人群首选的蛋白质来源。

4. 三文鱼、金枪鱼、鳕鱼等深海鱼类

100 克深海鱼类可以提供 20～25 克蛋白质,吸收率略高于鸡肉,含有丰富的不饱和脂肪酸,而且胆固醇含量极低,是非常健康优质的肉质蛋白质营养补充食物。

5. 鸡蛋

一般一个全蛋的蛋白质含量在 12 克左右,含量较高,但是由于蛋黄的胆固醇含量也较高,因此,很多健身的人会将蛋黄剥离,吃 10 个蛋白。鸡蛋作为最常见的食物之一,价格较低,蛋白质含量充足且优质,是非常优秀的补充蛋白质的食物。

6. 乳制品

100 毫升的牛奶一般只能够提供 3～4 克蛋白质,一般 100 克左右的奶酪可以提供 20～25 克的蛋白质,吸收率也不错。但是奶酪的热量也较高,因此需要酌量摄入。

总之,牛肉、鸡肉、鱼肉、鸡蛋都是日常较多采用的动物蛋白质补充食物。同时也要注意搭配,不能只吃一种。比如不能选择只吃鸡蛋就做到蛋白质的全面补充,而是应当在较大比例摄入鸡蛋的基础上,适当补充牛肉、鸡肉或者鱼肉来均衡营养,确保蛋白质、氨基酸的充分吸收。

(二)氨基酸

如果将营养比作一项具体的工程,那么蛋白质是构建这项工程的地基,而氨基酸则是决定地基质量高低和牢固与否的核心。由于蛋白质本身并不能在人体内直接被吸收和利用,我们平时体能训练以及日常营养对于蛋白质的需求,其实是对于氨基酸的需求,氨基酸的好坏、种类多少直接决定了我们摄入蛋白质的水平优劣,更决定了其被人体吸收利用程度的高低。如果训练者缺乏任意一种必需氨基酸,不用说体能训练效果,即使是正常的生理功能都会产生异常。因为氨基酸是生命代谢的基础物质,如果摄入量缺少,必定会影响正常的代谢能力。

对于长期进行健身和健美活动的人来说,如果缺乏某些非必需氨基酸,虽然对于正常的生理功能是没有任何影响的,但是却会导致氨基酸一些辅助作用的发挥,如合成蛋白质能力的高低,转变为肌酸的能力,转变为碳水化合物的能力。故一些所谓"怎么吃都吃不胖的"训练者,也可以从氨基酸这里找到相应的答案。

1. 八种必需氨基酸

人体的氨基酸必须由食物中的蛋白质提供,这里面有八种必需氨基酸,即赖氨酸、色氨酸、甲硫氨酸、苏酸、缬氨酸、苯丙氨酸、异亮氨酸、亮氨酸。以下以赖氨酸和色氨酸为例。

(1)赖氨酸

赖氨酸是蛋白质必不可少的组成部分,有助于降低胆固醇水平和身体对钙的吸收。赖氨酸普遍存在于肉、蛋、奶、鱼、虾、贝类以及各种乳制品中。赖氨酸也是胶原蛋白的重要组成部分,胶原蛋白除了我们熟知的美容养颜的功效外,在保护肌肉与关节软骨中也占有举足轻重的地位。但是中国人的饮食中含有大量的碳水化合物,会影响肉类的摄入量,会导致赖氨酸摄入不足。

(2)色氨酸

色氨酸的主要作用是促进胰液与胃液的产生,目前的科学研究表明,色氨酸有促进大脑神经细胞分泌血清素的作用,而血清素具有抑制大脑思维活动的作用,说白了就是容易让人产生困倦和疲惫。故摄入较多的富含色氨酸类的食物,极容易导致人产生疲倦感和睡意。富含色氨酸的食物中小米是当之无愧的冠军,此外,黄豆类、芝麻类、牛奶、香菇、鸡蛋等都是富含色氨酸的食物。

2. 不必要氨基酸

除去这八种必需氨基酸以外,人体还需要摄入很多非必需氨基酸来满足各项生理活动需要,它们是精氨酸、谷氨酰胺、鸟氨酸。

（三）碳水化合物

碳水化合物是我们日常饮食中基础的构成，我们的热量大部分是由碳水化合物提供的。碳水化合物也是人体最容易吸收的营养物质。人体吸收热量的来源途径主要有三个：碳水化合物、脂肪和蛋白质。锻炼的时候需要明确的一个概念是，体重增加了并不等于增肥。

（四）维生素

维生素是最容易被忽略的营养物质，对于普通人而言，维生素的摄入主要是从各种食物中获得，一般情况下是可以满足需要的。但是有些偏食严重的个体，可能需要调节饮食结构，或者补充维生素片来平衡。维生素分为水溶性维生素和脂溶性维生素两大类。其中水溶性维生素包括维生素 B 和维生素 C；脂溶性维生素则包括维生素 A、维生素 D、维生素 E 和维生素 K 等。

（五）脂肪

脂肪是身体供能的主要来源之一，它可以维持体温和保护内脏，并且提供人体所必需的脂肪酸。长时间内零脂肪摄入的减脂方法是既不健康也不现实的。健身减肥的人群尤其需要注意这点。虽然碳水化合物、蛋白质可以代替脂肪起到供能的作用，但却无法提供脂肪酸和维持体温。每日脂肪摄入量不要超过总能量的30%，但对于体能训练者应为10%左右。脂肪摄入量过低也会带来一些负面影响，如直接导致每日所需热量不足，进而影响我们的体能训练与基本健康。

第四节 体育保健学基础

一、影响人体健康的因素

世界卫生组织经研究提示影响个人健康和寿命的有四大因素：生物学因素占15%、环境因素占17%、卫生服务因素占8%、行为与生活方式因素占60%。

（一）生物学因素

生物学因素是指遗传和心理因素。遗传是天生携带的因素，不可以改变，但是心理因素是可以慢慢进行干预和修改的，人们总可以调整到相对积极的心理状态，因为心理状态也是保持和增进健康的必要条件。准备开始进行健身健美运动的人群应该首先了解自身的一些基础遗传信息，比如排除一些不利于健身健美的基础性疾病的因素。

（二）环境因素

环境因素对健康和寿命的影响占17%，包括自然环境与社会环境，所有人类健康问题都与环境有关。污染、人口和贫困是当今世界面临的严重威胁人类健康的三大社会问题。社区的地理位置、生态环境、住房条件、基础卫生设施、就业、邻居的和睦程度等都不同程度地影响着人的健康。社会环境涉及政治制度、经济水平、文化教育、人口状况、科技发展等诸多因素。良好的社会环境是人类健康的根本保证。健身健美运动的开展，有很多是在户外进行的，因此环境因素非常重要。

（三）卫生服务因素

卫生服务因素对健康和寿命的影响占8%。卫生服务的范围、内容与质量直接关系到人的生、老、病、死及由此产生的一系列健康问题。卫生保健设施直接影响人的健康，是保障人民健康的重要因素。如供水安全及基本环境设施齐全，预防疾病的措施以及影响健康的场所设有监督检查设施机构，所有这些工作都为人的健康提供了新的保障。

（四）行为与生活方式因素

行为与生活方式因素对健康和寿命的影响占60%。这里的行为与生活方式因素，是指人们受文化、民族、经济、社会、风俗、家庭和同辈影响的生活习惯和行为，包括不良生活方式与危害健康的行为。不良生活方式和危害健康的行为已成为当今危害人们健康，导致疾病及死亡的主要原因。

二、体育健康观

人类对自然事物、自然现象和自然规律的认知，以及由这些认知转化而来的各种知识和技术，统称为自然科学。自然科学通过事实判断的方法来揭示自然界的发生、发展规律，以增强人类认识世界和改造世界的能力，其与人文科学最显著的区别是自然科学没有地域性、民族性。体育健康观是以运动人体科学的知识和方法揭示人体运动的原理和规律，进而寻找提高运动能力和促进健康的方法和手段。

（一）运动能够促进机体健康

恰当合理的体育运动可以提升机体的健康水平，可以使人体新陈代谢旺盛，增强各器官、系统的机能，从而达到促进机体生长发育，增强体质、治疗疾病、延年益寿的作用。因此，现代社会随着生活质量的提高，以及人们健康意识的提高，越来越多的人开始加强日常生活中的健身健美运动。但是，运动既可以提高人体的机能，也能损害机体正常的功能。比如运动损伤、运动性猝死以及过量运动引起的免疫力下降等，人们通过大量的实验表明，运动负荷成为影响健康的关键因素，适量运动会增进机体健康，过量运动和缺乏运动会损害健康或引发一些健康问题。

（二）运动能够促进心理健康

良好的心理素质是人的全面素质中的重要组成部分，健康心理的促进与维护是现代人必须注重的心理教育内容。越来越多的普通人通过利用业余时间进行健身健美运动，以达到提升身体素质以及增强心理健康和社会适应的积极作用。体育运动是一种行之有效的心理治疗方法，经常参加体育运动可以培养良好的心理素质，比如情绪乐观，意志坚强，有较强的抗干扰、抗刺激的能力，可以减缓或消除焦虑、抑郁等心理疾病，培养自觉性、坚韧性、竞争意识，提高自控能力，使人超越自我，超越别人。这些心理素质有利于形成开朗的性格、坚强的意志和充分的自信心。

(三)运动能够带来积极的生活方式

运动是一种积极的生活方式,而且不分哪个年龄段,也不管你的身体基础条件如何,只要具备基本的条件,选择适合自身的运动项目和运动方式,在科学方法的指导下,都可以达到促进身体健康的目的。体育运动在形成健康的生活方式方面发挥了重要的作用。体育运动在促进健康的行为中,以其独特的作用和魅力日益受到人们的重视,成为培养良好的生活方式所不可或缺的内容。而缺乏运动则是导致疾病与死亡的主要原因,是当今最不合理的生活方式之一。积极参加体育运动,坚持终身体育锻炼,享受健康人生是每个人的人生目标之一,也是每个人获得健康的基本保证。

第三章

健身健美运动科学训练的原理与方法指导

　　健身健美运动与一般的体育活动相比有一定的特殊性，参加健身健美运动的人其目的主要是增强体质、完善形体，在训练时一定要学习和掌握这一运动的基本原理和方法，本章将对此做出重点阐述与分析。

第一节　健身健美运动训练的科学原理

一、物理学原理

在健身健美运动中,运动员身体的平衡非常重要,它体现了运动员对力量的把控能力和身体控制能力。所谓力的平衡就是物体所受力的合力为零,即运动员在不断的运动中利用自身的力量完成基本的健美操动作的同时还能保持身体的平衡和稳定。结合人体构造学,人体平衡的条件是合力矩和合力同时为零。平衡状受支撑面、稳定角和重心距离三大因素的影响。一般来讲,对于健美操而言,双腿打开的角度越大、重心越低、重心和地面之间的距离越小,则稳定性越好。

对于刚参加健身健美运动的人而言,最初可能会有蹬地不稳而摔跤的问题。这可以用力学原理来解释。造成摔跤的原因一般有两种:一种是人体运动速度比较慢,脚向前蹬地的水平力大于反向的摩擦力,人体会随之向前滑行;另一种刚好相反,由于运动速度过快,人体重心前移,且向前蹬地力大于摩擦力,身体会不由自主地向后移动,控制不好平衡则会摔倒。

除此之外,健身健美运动中的旋空翻动作,有很多运动员不敢尝试,做这一高难度动作,如果技能水平不足很容易导致受伤,其实经过分解动作,特别是从能量转化的角度准确地分析动作,就能消除运动员的心理障碍。根据能量守恒定律,人体在蹬地起跳时,人的内能转化为机械能,为健美操运动员悬空翻提供能量。通过公式推导可得出结论:运动员做旋空翻所需的动能和势能是由运动员的内能提供的,只要掌握了所需的高度和速度,经过一定的训练就能学习和掌握。

二、运动负荷原理

运动负荷是指运动员在健身健美运动训练和比赛中,由于生理及心理受到一定的刺激而出现的一种应激状态。同时,生理负荷和心理负荷之间也是相互作用和影响的。在训练时,通过调节不同强度的训练负荷,发展运动员的机体运动能力和运动技能水平。运动者参加健身健美运动时一定要学习和理解运动负荷的基本原理,这样才能科学地参加运动训练。

(一)小强度负荷训练

小强度负荷训练一般是在训练的初始阶段,训练量较小、训练时间较短,它的主要任务是调动机体的运动机能,逐步适应接下来的运动和训练内容。一般在健美操训练的准备活动中或者修整期都会采取小强度负荷训练。

(二)中强度负荷训练

中强度负荷训练的主要任务是巩固和提高人体机能和技术水平。它的特点是训练量不断增加,训练时间也逐渐增长,整体强度适中。一般体现在健美操训练的核心期,由小强度训练过渡到大强度训练之间。

(三)大强度负荷训练

伴随着比赛的临近,为了适应健美操比赛的负荷强度,运动员的训练量和训练时间都明显增加,甚至是接近极限负荷水平。在提高身体机能训练和技能训练的基础上,大强度负荷训练也是为了提高运动员心理负荷的适应能力。但是运动负荷的增加一定要结合运动员的具体实际进行,切莫拔苗助长。

(四)高强度负荷训练

高强度负荷训练之后,无论是训练强度还是训练量都达到了极限水平,使人体的潜能被全部开发出来,让运动员的竞技水平和心理素质都能达到最佳水准。这时运动员参加比赛就能发挥自己的正常水平甚至是超常发挥,从而取得理想的比赛成绩。

三、超量恢复原理

超量恢复原理是基于超量恢复现象所提出的,该理论认为,在超量恢复阶段进行下一次训练的效果最好。也就是说,运动训练要基于科学的方法合理利用训练间歇与机体恢复规律实现最好的训练效果。比如训练间歇如果过长,则会错过人体机能提高的最佳阶段;训练间歇太短,即人体还未到超量恢复阶段又开始新的训练,那么机能水平会就会不断下降。可以说,超量恢复原理是健身健美运动训练中的重要科学理论依据,参与者一定要学习和掌握这一原理,如此才能更好地参与到运动之中。

(一)耐力训练中的超量恢复

耐力是指运动员抵抗疲劳以及快速恢复的能力,是体现运动员身体基本素质和运动能力的重要参考指标。人体的耐力与人体的机能能量供应能力有关,而耐力又分为无氧耐力和有氧耐力。

1. 无氧耐力训练中对超量恢复原理的应用

无氧耐力对于健身健美运动而言并不起决定作用,但也不是可有可无的。在高强度的训练中 CP 迅速消耗,少则几秒、多则十几秒即可完全排空。但同时 ATP 和 CP 的恢复也很快,在 20～30 秒内,ATP 就能恢复一半,3 分钟内已经基本恢复。因此,在无氧耐力训练中,训练间歇只需要 1～2 分钟就可以进入下一组的训练了。运动员在参加耐力训练时要密切关注训练间歇的时间,结合自身实际确定运动负荷和间隔时间。

2. 有氧耐力训练中对超量恢复原理的应用

相关研究表明,以 75% 最大摄氧量的强度运动至完全疲惫时,肌糖原消耗量最大,达到 80%～95%。因此,要发展肌糖原的代谢能力,就应该控制在大约 75% 最大摄氧量的强度来进行训练。而肌糖原的恢复又与膳食情况息息相关。因此,将超量恢复原理与科学膳食相结合,可以最大限度地提高运动员的有氧耐力水平。健身健美运动属于一项有氧运动,训练中注意运用超量恢复原理是非常重要的,只有学会运用这一原理才能获得理想的训练效果。

(二)重复训练中的超量恢复

重复训练法是指让健美操运动员的机体在一个训练单元内经历数次的"运动—彻底休息"循环的运动生理过程,从而提高机体的运动能力水平。重复训练是提高运动技能的重要方法,同时结合超量恢复原理则会得到更好的效果。

在实际运动训练中,超量恢复原理会根据运动员性别、年龄的不同而不同。同样情况下,由于耐力运动与爆发力运动不同,超量恢复的阶段也不尽相同。这些都需要科学严谨地加以运用,不能一概而论。

四、叠加代偿原理

通常情况下,一项体育运动的体能动作和技能动作相比,后者更为复杂,体能与技能是密切联系在一起的,体能是技能的基础,而技能动作的运用是建立在良好体能的基础上的。如果运动员缺乏良好的体能素质或体能基础较弱,那么很难开展有效的技能训练活动。所以,进行技能训练之前必须做好体能训练活动,并在技能训练的整个过程中不断穿插体能训练,不断储备与提升体能素质,这符合运动训练的规律,又贴合运动员的实际情况。

参与健身健美运动的运动员在具备了一定体能基础的前提下进行技能训练,这是运动训练中叠加效应的体现。在健身健美运动技能训练中,运动员储备体能又具有代偿意义,意思是运动员技能水平较低,体能水平高,后者可以短暂性地弥补前者的不足,这就是运动训练的叠加代偿原理。这一原理要求运动员在训练中要高度重视体能训练,只有如此才能为健身健美运动训练奠定必要的基础。

需要注意的是,参与健身健美运动的运动员当然不可能在短暂的时间内完全完成体能的储备,而且体能训练也要结合健身健美运动专项技能训练才具有实际意义。运动员在技术训练中有时会因为体能不够而影响技术质量,这种情况下就要进一步增强体能,为高质量完成技能动作打好基础。有时运动员虽然储备了足够的体能,但技术训练依然达不到预期的效果,这个落差与健身健美运动技术本身不断发展的趋势有关。运动员的体能训练和技能训练相互联系,相辅相成,二者之间应该达到一种动态的协调状态,这样才能更好地提升与发展自己。

五、体能易衰原理

在健身健美运动训练中,很多运动者积极参与健身健美运动就是被那些技能特征所吸引的,激烈而有趣的训练能够满足运动员的直接兴趣,虽然不同运动员因为个人情况及其他相关因素的影响而训练力度不同,但运动员对技能训练的兴趣总是比对体能训练的兴趣要强烈。相对来说,健身健美运动中的体能训练显得单调枯燥一些,体能训练因本身不够有趣而对运动员没有很强的吸引力,运动员参与体能训练的积极性差一些。体能训练不但不像技能训练那样丰富和有趣,而且体能训练的成果不能持久维持,也就是说体能容易衰退和减弱,而技能形成后衰退的速度慢一些。因此健身健美运动训练中很多问题都集中在体能训练上,而体能训练出了问题必然会影响技能训练,影响运动员综合竞技能力的提升,同时从上面分析的叠加代偿原理来看,也会影响对技能不足的暂时性弥补。

有关学者将上述对体能训练的这些认识总结为体能易衰原理,这一原理和叠加代偿原理所带来的启示意义相似,都是强调体能训练的基础性与重要性,同时也提醒教练员要设计丰富多彩的体能训练手段,使运动员对体能训练产生直接兴趣,降低体能训练效果的减退速度,持久保持良好的体能训练效果,为技能训练持续提供良好的体力条件。运动者尤其是参与健身健美运动的初学者要学习和领会这一原理,合理地安排体能训练,为健身健美运动技能的提高奠定良好的基础。

六、边际效应原理

"边际"指的是事物在时空维度上的界限或边缘,它体现的是数量概念。"效应"指的是心理满足程度,它反映的是心理感情强度。"效应"随"边际"的变化而变化,即心理感情强度随数量的变化而变化。日常生活中我们占有某一事物的数量不断增加,心理对该事物的需求欲望就会相应下降,这反映了一种边际效应递减的现象。

(一)健身健美运动训练中边际效应的规律

边际效应体现了人的主观感受的变化,具体来说,是个体对某一事物预期的感情强度的变化,人对某一事物有了预期后,越临近预期的效果,这种感情强度就越高,感情强度随所期待的事件的变化而变化。

一般来说,边际效应具有以下规律和特征。

1. 时间性

边际效应的时间性主要指的是效应的渐渐衰退,可以解释为组织内部的效能随时间的延续及整体的不断磨合而发生衰退性变化。如果一名健身健美运动者长期采用单一的方法进行训练,那么该训练方法所带来的训练效果会越来越不明显,久而久之就会对运动训练带来不利的影响。

2. 空间性

运动训练是非常枯燥的,如果以单一的训练模式参加健身健美运动训练,那么运动员竞技能力的提升空间就很小,或者竞技能力的变化小,体现不出弹性化发展的效应,这时运动员如果要取得新的突破,增加弹性空间,就要重新组合竞技能力结构。这就是运动训练中边际效应的空间性规律,运动员要清楚这一点。

3. 组合性

广袤的空间与绵延不绝的时间在组合上有各种各样的可能性。在健身健美运动训练中,一般性的训练方法很容易受关注和重视,而最终结果即训练的边际效应却经常被忽视。运动员要综合运用多种训练手段和方法进行训练,以取得预期的训练效果。

(二) 提高健身健美运动训练边际效应的对策

1. 变化训练环境

影响健身健美运动训练的运动有很多,其中训练环境是一个非常重要的因素。在具体的训练中,训练场地、训练设施可适当调整与变化,使运动员对外界环境的适应力不断提升。环境的变化可以产生很多的刺激源,从而激发运动员的潜力,使运动员的机体生物环境也发生相应的积极性变化,这有助于提升训练的边际效应,有利于运动效果的取得。

2. 变化训练方法

依据运动训练的边际效应理论,运动者长期在同一种方法的刺激下,其应激能力也会保持一定的水平而没有变化,如果继续施加这种刺激,就会降低机体的边际效应,而只有不断变化与调整训练方法,才能提升运动训练的边际效应,取得更加理想的训练效果。

3. 训练手段的多种组合

为提高运动训练的效果和质量,可以以多种多样的方式将不同的训练手段组合起来,不断创造新的组合训练方式,使运动员在不断的新刺激中提高应激能力,从而提高训练刺激对运动员体能及技能发展的边际效应。对于健身健美运动而言,可以将这一边际效应原理应用于运动技能训练之中。

第二节 健身健美运动训练的基本原则

运动员参加健身健美运动训练需要遵循一定的原则,只有如此才能保证运动训练的科学性和有效性。

一、适宜负荷原则

(一)适宜负荷原则的概念

适宜负荷原则是指要在尊重运动员的现有能力和人体机能的情况下安排训练,提高运动员竞技能力的目标任务和给予负荷都应该以适宜为原则。适宜意味着训练目标不能脱离实际,训练负荷不能过大或者过小,负荷过小无法引起机体必要的应激反应,若过度负荷又会出现劣变反应。因此,运动负荷的安排一定要结合运动员的具体实际而定。

(二)适宜负荷原则的依据

1. 运动机体的生物适应现象

通常情况下,运动机体的应激以及适应变化,会保持在一个适度的范围内。在这一范围内,负荷的量度越大,对机体的刺激越深,所引起的应激越强烈,机体的相应变化也就越明显,自然竞技能力的提高也越来越明显。

2. 过度负荷带来的劣变现象

大量的实践与事实表明,运动员运动负荷的量度并非越大越好,因为机体的生物适应现象只发生在适宜负荷的条件下,如果负荷超过了机体所能承受的范围,机体便会产生劣变现象。过度负荷有时表现在生理方面,有时表现在心理方面。过度负荷的直接结果,就是使机体出现不适应的症候,包括慢性体重下降、非受伤引起的关节及肌肉疼痛、慢性肠功能紊乱、扁桃体及腹股沟淋巴结肿大、鼻塞和发冷、出现皮疹和肤色改变、肌肉紧张、疲惫不堪、失眠不安等。这时候应该让运动员充分休息,采取一些措施做积极恢复,否则很可能会对运动员的机体造成严重破坏,不利于下一步运动训练的顺利进行。

二、系统训练原则

(一)系统训练原则的含义

系统训练原则是指持续地、循序渐进地组织运动训练过程的训练原则。这一原则的确立与运动训练过程的连续性和阶段性的基本特性密切相关。它一方面指出长时间、持续地进行训练是运动获得发展和提高运动技能的唯一途径,另一方面也强调,这一训练过程必须循序渐进而非突变式地增加训练负荷,才能取得理想的训练效果。

(二)系统训练原则的依据

1. 人体生物适应的长期性

人体系统包含各种要素,系统内的各种要素非常复杂且密切地联系在一起。体育运动训练需要遵循人体的系统特征而进行。另外,系统的、持续的变化和提高也是事物发展的一般规律,要想取得理想的运动训练效果,就需要按照客观规律进行训练。

一般来说,人体对训练负荷的生物适应是通过有机体大到各个系统、各个器官,小到每一块肌肉乃至每个细胞的逐步适应和变化,从而一点点地实现提高。运动员的竞技能力的提高涉及多种能力、多种因素的共同促成,而这些改变也是通过系统的方式进行的。人体这些机能的适应性改造都需要一定的时间才能完成,并不是短期的突发行为就可以奏效的。而提高运动员竞技能力的训练,必须通过人体内部的适应性改造才能实现。适合人体生物适应规律的训练,能够使运动员在生物学方面发生有益的变化,因此有些运动员的培养需要几年甚至十几年的时间,它需要较长的时间才能完成,而不是一朝一夕所能实现的。因此,从人体生物适应的角度来看,运动员应持续地承受负荷,进行系统的训练,切忌三天打鱼两天晒网,只有这样才能取得理想的训练成果。

2. 训练效应在持续中加强

运动员,尤其是年轻的运动员的竞技能力具有不稳定性的特点,其效应都是在持续训练中逐步得到加强的。因此,如果训练的系统性和连续性遭到破坏,那么前期经过训练已经获得的训练效应,会因为间断或者停顿而消退甚至完全丧失。这是因为,在训练中获得的技能的提高,对应的是运动员神经系统的相关中枢神经建立起暂时性的联系,但这种神经联系还不够牢固,甚至非常脆弱,因此,需要继续地、经常地、反复地强化,暂时联系才能变为稳固联系,那么体现在技能上就是能够稳定地发挥水平,而不会轻易消退。这一点对于运动员而言非常重要,必须在训练效应产生并保持一定时间的基础上重复给予负荷,让训练效应得到强化和累积,实现运动技能的稳定发挥。总之,要想获得理想的训练效应,就需要运动者保持持续、持久的训练,不能无故中断训练。

3. 人体生物适应的阶段性

根据人体科学和人体医学及生物学的相关理论,人体的生物适应过程是分阶段进行的。比如机体对一次训练负荷的反应,分为工作、疲劳、恢复、超量恢复和训练效应消失等几个阶段。运动员的训练需要遵循和利用这些阶段特征而进行,才能获得更好的效果。

三、直观性原则

(一)直观性原则的含义

直观性原则是指运用多种直观手段,通过运动员的视觉器官激发形象思维并建立正确的动作印象,从而培养运动员的观察能力和思维能力,进而提高运动员竞技水平的训练原则。在健身健美运动训练中,运动者也要十分重视这一原则的贯彻。

(二)直观性原则的依据

1. 认识过程的普遍规律

人的认识的形成都要经历从直观到抽象、从感性到理性的过程。运动员在学习和掌握新动作时也遵循同样的规律,直观性原则符合人们学习新技能的普遍规律,应该重视其在运动员的训练过程中所发挥的重要作用。

2. 动作技能形成原理

在动作技能形成的全过程中,尤其是初级阶段,视觉器官在直观训练和学习中发挥着非常重要的作用,人体通过视觉器官获得的信息丰富而且生动,这对运动员动作技能的记忆和形成具有非常重要的意义和作用。

四、有效控制原则

(一)有效控制原则的含义

有效控制原则是指对运动训练活动实施有效控制的训练原则。训练中应对每个阶段都有准确的把握和控制,对训练目标、实施过程、效果和评价都有清楚的认识和理解,并且对下一个阶段的训练内容、量度及实施过程给予及时和必要的调节,使整个训练活动处于有效控制之中,保障运动训练活动的顺利进行,保障预期的训练效果。

(二)有效控制原则的依据

1. 尽量地控制影响训练的因素

运动训练包含诸多要素,每一个要素都是复杂的且不断变化的,这些要素都会对运动员产生直接或者间接的影响,而这又直接反映在训练效果或者比赛成绩的变化上。每一时刻运动员竞技能力的即时状表现都是此前训练的结果,又是下一步训练的出发点。并且,每一个当下状态又受训练因素、运动员的情绪和社会交往等心理因素以及训练条件、场地、气候等环境因素的影响。另外，还有不可抗的偶发因素，如意外伤病，也都会对运动员竞技能力的状态产生不同程度的影响。所有这些复杂因素的变化，都必然导致运动员竞技能力发生变化。因此，只有对不断变化的训练过程实施有效的控制，才能使实现预定的训练目标成为可能。

2. 现代控制论的理论基础

"控制"即是对系统有目的、有方向的调节、指挥和掌握。要想取得工作的成功，必须对行为、行为对象及其变化施以有效的控制，才能保证行为朝着预定的方向进行，才有可能实现预期的目标。这其中最重要的理论依据就是控制论。科学家们提供的研究方法使体育科学工作者和教练员们掌握了更为有效的工具，从而实现对训练过程、训练对象及竞技能力发展等不同系统实施程度不同的控制。大量的训练实践证明，这种控制对提高运动训练的实效产生了重要的作用。在健身健美运动中，运动员也要熟知这一理论及原则，保证训练活动的顺利进行。

五、适时恢复原则

（一）适时恢复原则的含义

适时恢复原则是指及时消除运动员在训练中所产生的疲劳，并积极利用超量恢复提高机体能力的训练原则。这一原则对于运动员体能的恢复至关重要。

（二）适时恢复原则的依据

运动员在训练后，其机体能力和能量储备由于负荷而暂时下降和减少，随着负荷的消失又恢复到负荷前的水平，这一过程称为恢复。而运动训练中的恢复，并不满足于回到先前水平的恢复，而是追求超量恢复，因为超量恢复才是提高机体运动能力的关键环节。健身健美运动员在进行体能训练时要严格遵循这一原则。

六、周期安排原则

(一)周期安排原则的含义

周期安排原则是指周期性地组织运动训练的原则。运动员的机体具有一定的生物节奏,用比较通俗的话来说就是有时状态好或者状态不好,它具有一定的生物节奏。而运动员竞技状态的形成与发展同样具有周期性和节奏规律。在训练的过程中,要遵循这样的原则而进行组织安排,如果忽视机体状态的规律性,就不能带来训练效果的提高,相反还会影响正常的训练进程。因此应该按一定的动态节奏安排训练内容和负荷量度。

(二)周期安排原则的依据

1. 周期性是事物发展的普遍规律

事物的发展规律遵循着循序渐进、周而复始的特点,呈周期性进行。这种周期性的运动在不停歇的发展变化中,每个往复、每个循环都不会完全相同。每一个新的运动周期都有新的发展和变化,产生新的突破或者进展,它近似螺旋式地上升。运动训练的周期性就是遵循事物发展的这一规律而进行,它是由事物发展的普遍规律决定的。

2. 周期性是人体能力变化的特征

人体竞技能力的提高也具有周期性的特点。持续地训练是为了获得稳定的运动技能,但是技能的增长也是以周期性的形式发生的。比如在一次负荷下,机体开始工作、产生疲劳,负荷解除,超量恢复,再次给予负荷,然后开始工作、疲劳……就是在这样的周期循环中,运动员的能力得到稳定提高。如果增加新的负荷,那么则开始一个新的负荷周期。在这样的过程中,机体能力不断提高,运动竞技状态不断得到发展,直至进入运动员的巅峰期。但是人体不可能始终保持高峰状态,在经过高度竞技状态之后,需要休息和恢复,以消除生理和心理的疲劳。通过积极恢复,在心理疲劳和生理疲劳都消除之后,再进行竞技能力发展,促进竞技状态的再次形成,开始新的训练周期。

七、区别对待原则

(一)区别对待原则的含义

区别对待原则是指训练过程中对不同的运动员、不同专项或不同的训练状态、不同训练任务,都应该有区别地对待,在制定训练目标、选择训练内容、安排训练负荷的时候都应该有所区别。每个运动员的生理状况、身体形态、发育特点、技术现状、战术能力以及素质、智力水平都各不相同,要想使训练工作取得理想的效果,就必须认真处理好运动训练过程中组织的集群性与个体性之间的关系,考虑到运动员的个人特点,即使是同一名运动员在不同的训练阶段也应该采取区别对待原则。

(二)区别对待原则的依据

1. 运动专项竞技需要的多样性

不同专项运动员的竞技能力受不同因素的影响。比如短跑运动员竞技能力的主导因素是速度素质,中长跑运动员竞技能力的主导因素则是耐力;跳水运动员的技术水平起着决定性的作用。因此不同项目的专项训练其目的和内容均不相同,应实施区别对待。

2. 运动员个人特点的多样性

每一位运动员也是独立的个体,他们具有独特的个性。运动员的个人特点包括性别、生物年龄、训练年龄、竞技水平、生理和心理特点、身体状况、情绪等,这些方面都对训练的安排有不同的要求。

八、动机激励原则

(一)动机激励原则的含义

动机激励原则是指通过有效激发运动员的主动性,提高其自觉进行艰苦训练的动机和行为的训练原则。这一原则通过各种方式和途径,试图调动运动员的训练积极性和主动性,提高其内驱力,从而使其能够独立、自主、创造性地进行刻苦训练,并能够在训练过程中进行自我调控、自我疏导,做好刻苦训练的心理准备。

(二)动机激励原则的依据

1. 成功动机是重要的原动力

渴望成功是绝大多数人的内在愿望,希望实现自我价值,获得社会的认可,完成自我实现。对于运动员而言,渴望奖牌与成功是不断推动其进行训练的强大动力,是美好的愿望和成功的愿景,激励和鼓舞着其日复一日地进行艰苦训练,并能不断克服各种挫败、伤病带来的困扰和障碍。运动员之所以能自觉克服重重困难,就是因为其具有强烈的成功动机。和普通的社会工作者相比,职业运动员需要付出巨大的努力,而结果又充满不确定性。在这种情况下,只有强烈的成功动机才能激励着运动员自觉地献身于训练与比赛之中。对于参加健身健美运动的健身者而言,其运动的主要目的在于增强体质、完善形体,有了这一动机后才能自觉参与运动。

2. 通过持续激励保持斗志

运动员多年坚持系统的刻苦训练往往承受着巨大的心理负荷与生理负荷。这其中包括不断困扰运动员的伤病、竞技水平发展的瓶颈期、竞争压力、未来的不确定感等,这些都对运动员的心理和生理产生了极大的挑战,会使运动员感到挫败与退缩,甚至失去信心直至放弃。因此,在训练过程中需要不断地激励运动员保持良好的动机,及时肯定自己的努力成果,对自己、对未来保持信心。对于运动员来说,感受到阶段性成就是莫大的鼓舞,是继续前行的巨大动力。对于一般的健身者而言,参与健身健美运动也需要坚持不懈地进行,不能三天打鱼两天晒网,只有这样才能取得理想的训练效果。

第三节 健身健美运动训练的方法

要想取得理想的训练效果,除了按照既定的训练计划按部就班地训练外,还要掌握科学合理的训练方法,这样才能获得事半功倍的效果。

无论是专业运动员还是一般的健身爱好者,以下训练手段或方法都可以选择性地运用。

一、重复训练法

(一)方法概述

重复训练法是指重复同一个练习且安排相对较充足的间歇时间的训练方法。通过多次重复某一练习,一方面可以刺激训练强度,达到理想的负荷;另一方面可以巩固对单一动作的熟练程度。

采用重复训练法时,要求在高强度状态下完成训练任务,高质量、高标准地完成每次练习。一般来说,重复训练法具有间歇时间相对充足的特点,为了保证磷酸原供能系统的再合成,间歇时间一般为3~5分钟。如果人们在参加健身健美运动的过程中,间歇时间过短,有可能发生供能系统转移的情况,不利于运动训练的顺利进行。

(二)方法应用指导

重复训练法适用于以磷酸原供能系统为主的训练项目。因此,在训练内容的安排上,应该选取一些练习时间在10秒以内的练习内容,可重复5次左右。例如,在健身健美运动中,针对绕环动作,要求运动者腰部要做弧线或圆周运动,这一动作反复不断地进行,每次做完后间歇3分钟左右,这是对重复训练法的典型应用。

二、间歇训练法

(一)方法概述

间歇训练法是指在训练过程中严格规定次与次、组与组之间的间歇时间,要求机体在不完全恢复状态下反复训练,有助于提高机体的抗乳酸能力和持续运动的能力。

间歇训练法最显著的特点是严格限制间歇时间,使机体在不完全恢复状态下再次进入运动状态,使机体代谢产生明显变化。所以说间歇训练法在各种训练方法中总负荷相对较大。在健身健美运动训练中,运动者一定要依据自身的具体实际合理地安排运动负荷和间歇时间,从而确保机体的有效恢复,有利于下一步的训练。

（二）方法应用指导

间歇训练法主要适用于发展机体以糖酵解为主要供能系统的项目的能力。机体在较高强度下运动至 2～3 分钟时，其间以糖酵解供能为主。一般来说，高强度运动 10 秒之后，糖酵解作为供能系统的比例逐渐增加，在运动到 30 秒时产生的能量最高。因此，只要是较高强度、持续时间为 10 秒至 2～3 分钟的项目都适合采用间歇训练法。健身健美属于一项有氧运动，高强度的训练并不多，只有在进行某些体能训练时，才会运用间歇训练方法。

三、循环训练法

（一）方法概述

循环训练法是指在训练过程中，练习者按照设置点位的形式，依据一定的路线、顺序逐个完成每站训练任务的一种训练方法。循环训练法在结构上包括每站练习的内容和负荷；站与站之间的顺序、间歇；组与组之间的间歇；站点总数以及循环组数。[1]

循环训练法对整个训练结构要素有较为严格的要求，不仅规定了训练内容、强度、持续时间、间歇时间等，还要求按照给定的顺序依次完成训练任务。此外，循环训练中平均每个站点的负荷相对较小，但总的负荷非常大，对运动者的心肺功能有较高要求。

（二）方法应用指导

循环训练可应用于健身健美运动中的多个项目中。例如，采用循环训练法，设置多个点位，包括上肢力量、核心力量、下肢力量的练习以及小步跑、交叉跑、高翻等多个练习手段，通过设置和安排一系列站点与内容，充分满足人们的练习需求，这对于参加健身健美运动具有重要的意义和作用。

循环训练法可以激励人们克服困难、挑战自我、超越自我，由于这种训练方法练习内容丰富，总的负荷要求高，因此可以使人们在参加健身健美运动时提高对自己的定位水平。

---

[1] 周胜．大运动者体质健康指南[M]．北京：中国广播影视出版社，2020．

人们参加健身健美运动采用循环训练法还可以预防在训练中产生枯燥乏味的消极情绪,多样化的训练可以促使人们更好地坚持下去,顺利完成既定的训练任务。

四、变换训练法

(一)方法概述

要想提高训练的质量和效果,运动者在训练时需要对训练内容、训练形式以及训练负荷等进行变换调整,在调整之后继续训练的方法即为变换训练法。通过变换训练法能取得不错的训练效果。

1. 改变训练形式

变换与调整训练形式,能够激发运动者的兴趣,促进良好训练效应的产生。

2. 改变训练内容

变换与调整训练内容,能够促进运动者身体素质的全面锻炼与发展,促进其综合体能水平的提升。

3. 改变训练负荷

变换与调整训练负荷,能够使机体适应不同负荷的刺激,促进机体组织系统功能的改善。

为了提高变换训练法的适用性,需要根据训练目的而灵活改变训练因素,除了改变训练形式、训练内容和训练负荷外,还能改变训练时间,如果遇到训练时间与突然的训练任务发生时间冲突,需要灵活调整训练时间。这一训练法适用于任何的体育运动锻炼,健身健美运动也不例外。

(二)方法应用指导

变换训练法对参与健身健美运动的人都有重要的意义和作用。如果在健身健美运动训练中不断重复单一的训练内容,采用少数几种训练方法,那么运动者就很容易厌烦和放弃,对自身的锻炼与发展不利,而如果可以对训练形式、训练内容、训练负荷,或者训练器材、人数、时间等进行适度变换与灵活调整,就能有效激发运动者参与健身健美运动的兴趣,从而提高训练水平。

变换训练法的应用需要注意以下几个部分。

1. 准备阶段

合理安排健身健美项目的训练量和训练强度,也就是运动负荷,达到热身的目的,为正式训练做好身心准备。

2. 主体部分

在健身健美运动训练的主体部分,变换运动负荷,负荷较准备阶段大,以达到良好的训练目的。

3. 整理部分

在健身健美运动训练的收尾部分,再次调整训练负荷,较主体训练阶段的负荷小一些,通过负荷较小的整理放松活动,缓解身体疲劳,有助于体能恢复,避免运动损伤。

五、游戏训练法

(一)方法概述

游戏训练法是以游戏方式进行训练的方法,有明确的游戏规则,运动者在规则范围内进行主动性和创造性的活动,从而完成游戏任务,达到预期目标。这一训练法有较强的趣味性,能在一定程度上吸引运动者的注意力,激发其参与运动训练的兴趣。

游戏训练法是在游戏环境下实施的,游戏环境是不断发展和变化的,运动者在遵守游戏规则的同时需要在不同的环境下灵活应变,将自己的能动性和创造性充分发挥出来。体能训练中可以采用多种多样的游戏内容与形式,不同体能水平、运动水平的运动者都可以找到适合自己的游戏训练法,针对不同的训练内容也能灵活设计游戏训练方式,可见游戏训练法的应用非常灵活,这一训练方法被广泛应用于体育教学及运动训练中。

(二)方法应用指导

在健身健美运动训练中设计与选择游戏,要参考训练任务、训练目的、训练对象的特点以及训练内容等诸多因素,要有针对性地设计与选用游戏,结合具体的健身健美项目去设计游戏内容。

应用游戏训练法,要合理设计能够吸引运动者和具有高度概括意义的名称,要明确提出游戏规则与要求,而且游戏的实施方法必须简便易行。在游戏中可以根据需要安排一名裁判,裁判员必须公正、公平执裁,不能偏袒任何一方。

六、竞赛训练法

竞赛训练法指的是在通过各种竞赛方式(身体素质竞赛、游戏性竞赛、训练性竞赛、适应性竞赛、测验性竞赛等)组织健身健美运动者进行训练的方法。该方法能有效提高运动者的技能水平。

运用竞赛训练法需注意以下两点。
①在恰当的时机组织竞赛,明确竞赛规则。
②结合运动者具体实际,在竞赛中安排适宜的负荷。

七、器械训练法

器械训练法也是健身健美运动训练的常见方法之一,健身健美运动训练中使用的器械丰富多样,既有轻器械,也有常见于社区、健身房的重量型健身器械。人们可以根据自己的健身健美需要去选择适宜类型和重量的器械进行针对性训练。

采用器械进行训练,有助于改善身体形态,促进肌肉力量的增强,降低人体某些器官、系统的神经紧张水平,提升生理适应能力和体能水平。此外,器械训练还有助于使人在不断克服器械重量与阻力的同时挑战自己的极限能力,从而有效锻炼意志,增长自信。

需要注意的是,在器械训练中,要循序渐进地增加练习负荷,防止突然加大负荷而导致肌肉酸痛,造成运动损伤。

八、综合训练法

在健身健美运动训练中,根据训练目标、任务和需要,把上述各种训练方法组合起来设计训练方案并实施该方案的方法就是综合训练法。

综合训练法能全面提高运动者的身体素质,增强运动者的技能和比赛能力,且不易早早出现疲劳。需要注意的是,并非运用的训练方法越多训练效果越好,要根据训练任务、训练目的、训练内容、训练环境与条件及健身健美运动者的自身条件而选择几种训练方法来组合搭配,充分运用不同方法的优势来实现最佳训练效果。[1]

---

[1] 刘丹.青少年健身健美运动训练纲要与教法指导[M].北京:人民体育出版社,2011.

第四章

健身健美运动之形体与体能系统训练

身心健康的基础是拥有良好的体能,在体能良好的基础上追求形体之美,是对健康和美的更高层次的追求。体能训练是健身健美运动训练的基础内容,通过系统训练能够提升体能水平,为提升健身健美运动水平奠定基础。科学参加健身健美运动,也能促进体能的进一步增强,从而形成积极的健康循环。形体训练同样是健身健美运动训练体系中的重要组成部分之一,通过形体训练不但能够获得健康,而且能够使体形体态更加美观,提升气质,展现出由内而外的美。本章主要对健身健美运动训练体系中的形体训练和体能训练进行分析,以二者的训练方法为重点,从而为健身健美运动参与者进行体能和形体训练提供科学指导。

第一节　健身健美运动的形体训练

一、身体形态训练方法

(一)颈部训练

颈部训练可以促进头部血液循环,缓解大脑疲劳,增加头部活动范围,促进颈椎发育,使颈部更加挺拔。

颈部训练方法如下。

1. 练习一

两脚开立,双手交叉抱头。头慢慢前屈至最大限度再向后仰,同时双手用力向前拉,与头后仰形成对抗力(图4-1)。

重复8～12次。

图4-1　练习一

2. 练习二

两脚开立,双手扶在腰侧。头颈部放松,头缓慢左转至最大限度时保持5秒,还原(图4-2);头向右转,方法相同。

一左一右为一次,重复6～12次。

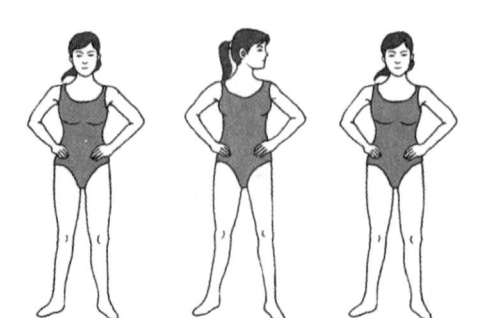

图 4-2　练习二

3. 练习三

两脚开立,双手扶在腰侧。头先尽力向左屈,沉一下后快速还原(图 4-3);然后向右屈。

一左一右为一次,重复 6～12 次。

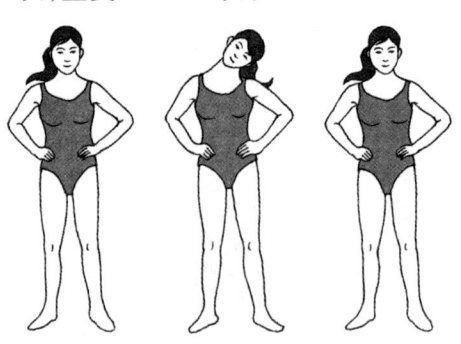

图 4-3　练习三

(二)肩部训练

肩部训练能够改善肩部肌肉和骨骼状态,促进上体血液循环,增强肩部肌肉群的柔韧性,使肩背部看起来更健美。

肩部训练方法如下。

1. 练习一

两脚开立,两臂下垂于体侧。双肩缓慢上提至最大高度,然后下沉(图 4-4)。

重复 20～25 次。

图 4-4 练习一

2. 练习二

两脚分立,两臂自然落于体侧。左肩慢慢上提,右肩下沉(图 4-5),两侧肩交替进行。

一左一右为一次,重复 20～25 次。

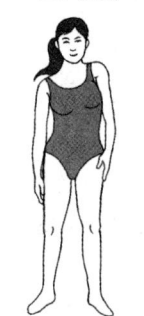

图 4-5 练习二

3. 练习三

两脚开立,两臂置于体侧,握拳。两腿屈膝下蹲,两臂侧平举,然后恢复(图 4-6)。

重复 20～25 次。

图 4-6 练习三

(三)胸部训练

胸部训练可以促进胸部肌肉血液循环,增加胸部肌肉体积,促进胸廓、乳房发育,防止乳房下垂(女子),保持胸部健美。

胸部训练方法如下。

1. 练习一

两脚开立,两手扶在腰侧。挺胸,两肩外展;然后含胸,两肩内合,胸廓内收(图4-7)。

重复25~30次。

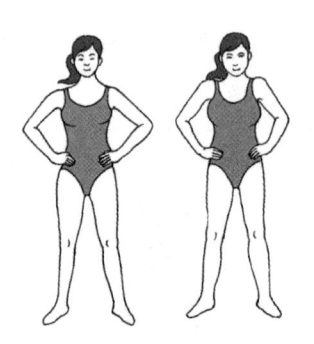

图 4-7　练习一

2. 练习二

两脚开立,两臂胸前平屈,掌心向下。屈臂、振肩、扩胸,还原(图4-8);再直臂、振肩、扩胸,还原。

重复20~25次。

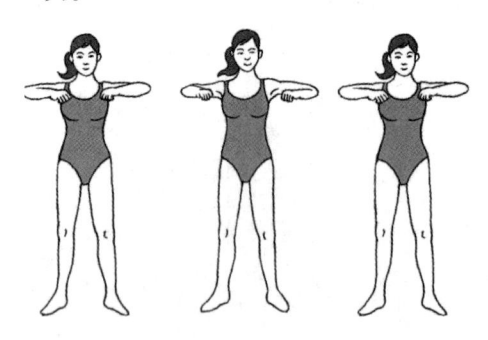

图 4-8　练习二

第四章 健身健美运动之形体与体能系统训练

3. 练习三

跪坐在地上,两臂伸直放在体测。上体正直,拱背,低头含胸,两臂稍前举,目视前斜下方,还原(图4-9)。

重复20次。

图4-9 练习三

(四)腹部训练

腹部训练可以增强腹部肌肉力量,预防腹部肌肉松弛,减少腹部脂肪堆积,使身体保持优美曲线。腹部训练也能按摩腹腔和盆腔内的器官。

腹部训练方法如下。

1. 练习一

坐姿,屈腿,双手放在膝处,目视前方。两腿伸直向前上方抬起,双手在体后直臂支撑,保持片刻,还原(图4-10)。

重复16~20次。

图4-10 练习一

2. 练习二

仰卧,两臂放在体侧伸直。两腿伸直上抬,在空中交叉,还原(图

4-11)。

重复 25～30 次。

图 4-11　练习二

3. 练习三

仰卧,双腿并拢伸直,双手扶在头后。收腹上体抬起并左转,右腿屈膝使小腿平行于地面,左腿伸直上举,右肘与左膝关节相对(图 4-12);控制片刻,还原。两侧交替练习。

一左一右为一次,重复 20～25 次。

图 4-12　练习三

(五)腰背部训练

腰背部训练能够使腰背部肌肉发达,使背部线条清晰优美,同时能够预防胸椎后突、肩下垂、颈椎前突等畸形。

腰背部训练方法如下。

1. 练习一

练习者俯卧,手臂向后向上伸直;同伴在练习者双腿两侧开立,双手拉紧练习者两手用力拉起,练习者上体离地最大程度反背弓(图

4-13）；然后同伴将练习者轻轻放回原位。两人互换练习。

重复 10～25 次。

图 4-13　练习一

2. 练习二

练习者并立，右手向上举，最大限度向左屈体，不要低头；同伴站在练习者左侧，双手分别抓握练习者同侧手，右脚抵在练习者左脚处，左腿微屈膝，帮助练习者做最大幅度的拉伸（图 4-14），控制 2～5 秒，还原。两人互换练习。

重复 10～15 次。

图 4-14　练习二

（六）臀部训练

臀部训练能够增加臀部肌肉的弹性，使髋关节更灵活，也能消除臀部堆积的脂肪，并提高臀位，拉长腿部线条。

臀部训练方法如下。

1. 练习一

仰卧,屈膝分腿,两臂在体侧伸直。两腿蹬伸,向上挺髋,手臂肌肉收紧,控制 2 秒(图 4-15),还原。

重复 30～35 次。

图 4-15　练习一

2. 练习二

跪撑,手臂伸直支撑地面,挺胸抬头,左腿屈膝尽力向后踢,两腿交替进行。

一左一右为一次,重复 20～25 次。

(七)腿部训练

腿部训练能够拉长腿部后侧和内外侧肌肉的韧带,提升关节的弹跳力量、柔韧性和灵活性,消除腿部脂肪,预防大腿肌肉萎缩和小腿弯曲,使腿部线条更优美。

腿部训练方法如下。

1. 练习一

直角并腿坐,双手在体侧支撑,立腰挺胸,脚尖绷直。足背屈,足趾张开;足背伸,还原(图 4-16)。

重复 20～30 次。

图 4-16　练习一

2. 练习二

仰卧，一腿伸展上举，另一腿屈膝点地。上举腿以踝关节为轴，在空中分别顺时针、逆时针画圆，然后还原（图 4-17）；两腿交替练习。

一左一右为一次，重复 10～15 次。

图 4-17　练习二

3. 练习三

仰卧，一腿伸展上举，另一腿屈膝点地。上举腿脚尖绷紧再勾起（图 4-18），还原，两腿交替练习。

一左一右为一次，重复 20～25 次。

图 4-18　练习三

二、身体姿态训练方法

（一）站姿训练

在人的各种身体姿态中，站姿是最为常见的姿态之一，有的人站姿典雅、优美，给人带来一种静态美，而且很多有质感的动态美的形成也是建立在优美站姿的基础之上的，是以良好的站姿为起点的。因此要提升个人形象，塑造良好气质，就要先养成良好的站姿习惯。

站姿有很多种，是可以根据需要而不断变化的，但站姿的各种变化都要建立在准确而规范的基本站姿的基础上，因此必须先掌握基本站姿的正确做法，然后再变换，基本站姿的要求如下。

两脚脚跟并拢,脚尖分开成锐角(大约45°～60°),重心落于两脚间;腿完全伸直、并拢,两膝间不留缝隙;提臀、收腹,立腰、直背;两肩齐平,肩膀放松;手臂在身体两侧自然下垂伸直,中指对应裤缝处,手指保持自然弯曲状,虎口向前,头部正直,目视前方。

人体站姿的训练方法有很多,下面主要分析几种简便易行的常见训练方法。

1. 靠墙立

靠墙立是借助墙的平面来培养良好的站姿,使人保持上体挺拔,头、躯干和腿位于一条垂线的站立姿势。

练习方法:成立正姿势,两腿并拢,挺胸收腹,腰背直立,臀肌收紧,双肩充分向后展开并下沉,下颌略收,头向上方顶,头、肩胛骨、臀、腿、脚跟紧贴墙。这个练习主要是一次控制48个拍,重复8～10次左右。

2. 提踵站立控制练习

先保持基本站姿,双手扶在腰两侧,脚跟提起,脚趾撑地,平稳地向上移动重心,肩部姿势保持不变。控制两个8拍,脚跟着地,恢复基本站姿。重复练习。

反复进行此项练习,有助于促进腿部支撑力的提升和上体形态控制力的增强。

3. 单腿立

主要训练腿的控制力。保持基本站姿,然后一腿屈膝上抬,脚尖绷紧,紧贴支撑腿,双手叉腰,上体稍侧转。逐渐增加支撑时间。

4. 移重心站立姿势练习

主要训练腿的控制能力和身体的正确姿态。
(1)1×8拍
1～2拍,屈膝,重心前移。
3～4拍,左脚在前直立,右脚后点地。
5～8拍,控制4拍。
(2)2×8拍
动作同1×8拍,方向相反。

（3）3×8拍

1～2拍,左脚侧擦地或侧点地。

3～4拍,左脚直立,右脚侧点地。

5～8拍,控制4拍。

（4）4×8拍

动作同3×8拍,方向相反。

反复练习6～8次。

5.双手叉腰进行站立控制练习

按基本站姿的要求站立,上体和重心都要保持良好的稳定性,一脚分别前擦地、侧擦地、后擦地,并在前、侧、后方远端点地。做前、后点地动作时,要求脚尖绷紧,脚面朝外;侧点地时,脚面向侧面绷脚。做各方向的擦地、点地都要控制1个8拍,然后变换方向。

重复此项练习有助于更好地保持身体重心的稳定性,并促进腿的控制能力的提升。

（二）坐姿训练

坐姿是一个静态身体姿势,但从入座开始到最后坐定,坐姿是由一系列动作组成的动态过程,良好的坐姿容易给人留下优雅、大方、高贵的印象,为提升个人形象和气质修养,必须规范坐姿各个细节与要求。坐姿也有很多种,但无论怎样变化,都是以基本坐姿为基础的,都是在规范的基本坐姿的前提下根据需要而调整的,其规范做法如下。

头部正直,颈部伸直,目视前方,微收下颌;立腰直背,收腹挺胸;两腿并拢（膝部、脚跟均并拢）,大腿和小腿几乎垂直（大腿平行于地面）;肩膀放松下沉,自然屈臂内收,双手交错叠放于腹前并拢的两腿上,右手在上,左手在下,自然屈指。

坐姿的基本训练方法如下。

1.盘腿坐

臀部支撑重心,挺胸收腹,腰背直立,肋骨上提,头颈向上伸,下颌微收,屈膝,两脚脚心相对盘于腹前,肘放松,手放于膝上或身后。

2. 正步坐

上体姿势同盘腿坐，两脚并拢，脚尖正向前，两膝稍分开，自然屈臂，两手放在大腿处，上体稍前倾，肩放松、下沉，腰背直立，头、肩、臀在一条直线上。

3. 侧坐

上体姿势同盘腿坐，上体稍侧转，两臂放松，手扶在腿上。双腿并拢、屈膝，双膝稍向一边移，外侧脚比内侧脚稍向前。

（三）走姿训练

走姿就是行走时的身体姿态，站姿是走姿的基础，站姿端庄、文雅是形成良好步态的基础。走路是最为常见的一种位移运动，它具有频繁性、重复性和周期性。走姿是有流动性和节奏感的动态身体姿势，人的精神状态、气质修养一定程度上能够从其走路姿势中体现出来。优美的走路姿态经过后天的训练和培养是可以形成习惯的。进行专门的步态训练，能够促进身体各部位力量控制力的增强，使原来自然行走时的步态得到改进，形成更加规范、优美、有气质的走姿。

正确的基本站姿是标准走姿的基础，标准的走姿是在整个身体的正确移动中呈现出来的，包括四肢运动、髋部运动以及身体各部位小关节在大关节带动下的运动。标准的走姿要达到稳健大方、轻巧自如、节奏感鲜明等基本要求，规范做法如下。

行走时，头部正直，颈部伸直，微收下颌，目视前方；立腰直背，挺胸收腹，臀部上提，两肩齐平，自然放松，手臂在体侧自然伸直，自然屈指，两臂以肩关节为轴前后摆动，前臂在上臂的带动下前后交替直线摆动，摆幅控制在30°及以下。手臂向前摆动时，稍屈肘，避免前臂向上甩；提踵，屈膝向前迈步，由大腿带动小腿，先脚跟着地，再过渡到前脚掌着地，然后由前脚掌支持身体重心；身体重心从落在脚跟向落在前脚掌的变化主要通过后腿后蹬给身体重心施加的推力实现的，这是向前迈步的基础。向前迈步的过程中，前脚落地后，后脚随即离地，这两个动作环节都要求膝盖伸直，不能屈膝。

在走姿的步态练习中，要将上体形态控制好，放松肩膀，重心稳定，不要晃动。两臂有节奏地前后交替摆动，控制在适宜幅度范围内。双脚平稳落地,呼吸采用胸式呼吸法,呼吸与动作配合好,将良好的身体形态充分展示出来。

下面介绍几种基本的走姿训练方法。

1. 修正线条练习

在地上放一根宽 5 厘米的长带子,一只脚迈出一步,先用脚跟内侧踩带子边缘,然后大脚趾踩带子边缘。另一只脚依此方法迈步,两脚前后依次迈步后保持"倒八字"姿势,此时两脚脚掌内侧触带。练习中注意迈步时不要翘臀。

2. 直线行走练习

选择平坦的道路练习,自然站立,将一本书顶在头上,沿直线行走,挺胸收腹,立腰直背,上身保持稳定,目视前方。

3. 脚踝力量和灵活性练习

很多人因为后天走路习惯不好而形成了不良走姿,但如果坚持进行专门的矫正练习,就可以改善不良走姿,形成良好的步态姿势。步态美体现在诸多方面,如头颈部、躯干、四肢等身体各部位的姿势正确。此外,起重要作用的还有脚踝,但人们常常忽视了这一点。

脚踝的作用主要体现在支撑重心、维护身体平衡和缓冲力量等方面。脚踝稳固、有力量、灵活,才能在强支撑力下平稳走路,走出稳健而优美、灵活又自如的步伐。所以,在走姿训练中,不仅要将躯干和上下肢的形态控制好,还要重视训练脚踝的力量和灵敏性,这对矫正不良走路姿势和塑造形态美、姿态美具有重要意义。

下面介绍几种训练脚踝力量和灵活性的简易方法。

(1)用脚抛物

在凳子上坐好,两脚夹起地上的障碍物并向前方抛去。

(2)足尖、足跟、足外侧交替走

自然站立,两手扶在腰两侧,先用足尖行走 5~6 米,然后用足跟行走同样的距离,最后用足外侧行走,用脚的不同部位行走的过程中不要屈膝,要保持适度放松。

(3)站立提踵练习

按基本站姿的要求站好,将一只脚的脚尖踮起,不要屈膝,脚跟尽可能向上提,然后下落还原。重复 25～30 次。两脚交替练习。

(4)脚踝绕环练习

自然站立,一只脚提踵,踮脚尖,顺时针或逆时针绕环,脚踝活动幅度达到最大。重复 25～30 次。两脚交替练习。

第二节　健身健美运动肌肉力量训练

一、上肢肌肉力量训练方法

判断一个人是否拥有强壮的体力时,可将臂力作为一个评价指标,人体的健、力、美体现在身体各个部位,其中就包括上肢部位,即手臂粗壮有力,肌肉线条清晰。肱二头肌和肱肌是上肢肌群中两个非常重要的组成部分,分布在上臂前面,前者位于浅层,后者位于深层。它们作为上肢屈肌中的一部分,具有使肘关节弯曲和旋外、使上臂靠近前臂的功能。这两类肌肉的发达可以使上肢更加具有健美感。因此在上肢肌肉训练中尤其要重视针对肱二头肌和肱肌的专门训练。

下列上肢力量训练方法对增强上肢肱二头肌和肱肌的力量以及增强上肢的健美感具有重要作用。

(一)单臂低位拉力器站姿弯举

1. 预备姿势

背对拉力器,两脚开立,左手用反手握法将拉力器握把握住,手腕放松,上体挺直,肩部自然下沉。

2. 练习方法

练习时,屈肘用力将拉力器向上提,提到最大程度后还原。
反复练习,两手交替练习。

（二）吊索胸前下拉

1. 预备姿势

正对拉力器，两脚开立，双手以正手握法将吊索两头握住，手腕保持自然状态，肘部在体侧将身体紧紧夹住，肩膀保持自然下沉状态。

2. 练习方法

练习时，肘关节伸展将拉力器绳索用力向下拉，前臂降到臀部高度后向内侧转，然后慢慢还原。

反复练习若干次，巩固练习效果。

（三）坐姿反握腕弯举

1. 预备姿势

坐在凳子上，上体微微前倾，双手将杠铃反握（掌心向上），窄握距。前臂支撑于大腿上，手腕位置比膝关节高。

2. 练习方法

松手，让杠铃从掌心向手指方向滚落，杠铃到达手指上时，立即向上屈腕，使杠铃再滚落到掌心。

反复练习，巩固效果。

（四）跪立臂屈伸

1. 预备姿势

左侧小腿跪在长凳上，右手放在长凳上（位于小腿前方），手臂伸直以支撑身体重心，左手持哑铃，肩关节伸展使上臂平行于地面，肘弯曲。

2. 练习方法

练习时，持哑铃手前臂伸直，再屈肘，反复练习。

二、腰腹部肌肉力量训练方法

腰腹部是非常重要的身体部位,其作为身体的枢纽,将人体上、下部分连接起来。腰腹部被称为"万能轴",人体做各种屈、旋转等动作几乎都要以腰腹部为轴。很多生活技能和运动技能都要依赖人的腰腹部力量才能完成,腰腹部承担的工作极为繁重。此外,人体很多重要器官也都集中放在人体腰腹部,如消化器官、排泄器官等。

人体站立、端坐、行走都离不开腰腹肌群参与工作,增强腰腹部肌肉力量,能够起到预防不良身体形态的作用,如对腰椎间盘突出、脊柱弯曲、驼背等的预防等,同时能够使腹内压提升,对腹腔器官起到保护作用。

腰腹部肌肉美是形体美的重要组成部分,要获得形体美,保持健康向上的气质,就要通过专门的腰腹部肌肉锻炼来使腰部更加细壮挺拔,使腹部扁平又结实。

下面对腰腹部肌肉力量训练的几种常见方法进行介绍。

(一)侧板式支撑

1. 预备姿势

在垫子上成跪姿,伸展髋关节,身体协调用力,同时向右侧弯,左手置于身体正下方,左臂支撑身体。

2. 练习方法

练习时,右腿向异侧方向(左侧)伸展,以右脚内侧着地,然后左腿缓慢向异侧方向(右侧)伸展,两脚并拢,此时身体成一条斜线,保持数秒,还原。

反复练习,左右两侧交替练习。

(二)坐姿扭转

1. 预备姿势

在器械凳上坐好,双脚紧紧踩在踏板上。用固定器固定好两侧肩膀,双手将固定器握把牢牢握住。

2. 练习方法

练习时,主要由腹部发力,带动身体向左右两侧来回扭转,每一侧都要扭转到最大限度。

反复练习,提升腹肌力量。

(三)支撑屈膝上举

1. 预备姿势

将两只手臂的前臂和肘关节放在器械的托架上,腰部向身后的支撑靠背贴近,两腿伸直,两脚并立。

2. 练习方法

练习时,屈膝举腿,使大腿平行于地面,上体保持稳定,慢慢还原。
反复练习,熟练后进行难度较大的支撑直腿练习。

(四)拉力器侧身扭转

1. 预备姿势

站姿为身体左侧对着拉力架,两脚分开而立,双手在身体左侧同时将拉力器握把握住。

2. 练习方法

练习时,向右扭转上体,双手用力将拉力器握把向右侧肩上方拉,拉至手臂充分伸展即为最大限度,目随手动,到最大限度时稍停数秒,然后慢慢还原。

重复练习,熟练后换另一侧继续练习。

(五)悬垂屈膝举腿

1. 预备姿势

双手将器械横杠紧紧握住(宽握距),身体成基本悬垂姿势。

2. 练习方法

练习时,屈膝上提,使大腿与躯干先成直角,再继续上提至大腿与躯干成锐角,双膝尽可能靠近胸部,上体保持固定。屈膝上提至最大限度后慢慢还原。

反复练习,以发展腹直肌和股直肌。

(六)身体旋转

1. 预备姿势

两脚开立(宽站距),将杠铃置于体后肩膀上。

2. 练习方法

身体缓慢向左转动,转至最大限度后还原,然后向右转动,同样转至最大限度再还原。

身体向两侧来回转,反复练习,以增强腹内斜肌和腹外斜肌的力量。

三、背部肌肉力量训练方法

一个人如果背部宽阔、厚实,便容易给人留下挺拔、健壮的印象,健美的形体必然包括强壮有力的背部。加强背部肌肉力量训练,不仅能够获得形体美,提升气质,还对预防和矫正驼背等不良身体形态有积极的作用。

进行背部肌肉力量训练可以采用以下方法。

(一)直臂下拉

两脚站位为一前一后,上体稍向前倾,挺胸、收腹、立腰。双手以正握方式将拉力器握住(中握距)。练习时,肩关节伸展,背部发力,同时两手协调用力将拉力器拉向大腿前侧。

注意拉到最大限度时稍控制几秒,然后还原。反复练习。

(二)俯身杠铃划船

两脚开立,稍屈膝,双手正握杠铃(宽握距),挺胸、收腹、立腰。稍向前俯身。背部发力,同时两手协调用力将杠铃拉到腹部前,稍控制一下,然后还原。

(三)单手哑铃划船

右手和右侧膝关节置于长凳上支撑身体重心,左手持哑铃,俯身使背部平行于长凳,身体保持不动。持哑铃的左手先自然下垂,然后屈肘向后、向上提拉到最高位置,肘始终保持向后的姿势。控制数秒,然后还原。

反复练习数次,然后换另一侧手臂练习。

(四)正手颈前下拉

正对器械坐在器械凳上,膝盖抵在器械的固定轴下面,将双腿固定好,上体保持直立,手臂分别向两侧前上方伸展,双手正握拉杆两头(宽握距)。练习时,屈臂同时将拉杆向下拉到与胸齐平的高度,下拉后肘关节位于体侧,拉杆与颈部距离很近,然后逐渐还原。

反复练习,以增强背阔肌、胸大肌的力量。

(五)单臂俯身划船

两脚开立,膝盖微屈,上体以骨盆为轴向前屈。右手将拉力器紧紧握住,手臂充分伸展,左臂弯曲,将左手放在左腿膝部以支撑重心。练习时,右手屈臂将拉力器上提至腹前,然后手臂伸展,慢慢还原。

重复练习数次,两臂交替练习。

四、下肢肌肉力量训练方法

腿是非常重要的身体部位,它是人体的支柱,支撑着人体各种各样的活动。健美的体格往往要求双腿线条流畅,这也能彰显人的生命活力,并且是维持运动的重要保障。从健身健美的审美视角来看,评价大腿是否健美,要看股四头肌是否结实而丰满、健壮而有力,肌肉线条是否清晰,小腿肚的外观是否看起来呈纺锤形,并且适当向外鼓。如果双腿太细,会让人觉得没有力量,比较柔弱;如果双腿太粗,会让人觉得笨重,身体不灵活。健美的双腿应该是苗条修长、结实健硕的,通过专门的腿部肌肉力量训练能够使人的双腿更加健美。

下面介绍几种常见的腿部肌肉力量训练方法。

(一)仰卧腿屈伸

按练习要求在训练器械上坐好,背部与器械靠背紧贴,脚放在平台上,两脚分开,间距等于肩膀宽度,根据自己的身体特点和练习需要对座椅与平台的距离进行调整,稍屈膝,重力放在两腿上。

练习时,屈膝、屈髋,使器械平台下降,直至屈膝至大小腿垂直时恢复预备姿势,反复练习。

(二)器械腿内收

按要求在器械练习机上坐好,两腿分开紧紧贴住两侧垫板,将两腿展开的角度调整好,上体保持直立,双手将器械握把握住。

练习时,两腿同时用力向内侧收,使两侧垫板尽可能靠拢,收至最大限度时控制数秒,然后还原。反复练习。

(三)拉力器单腿内收

站位为侧对拉力器,如身体左侧对着拉力器,左脚踝与拉力器连在一起,重心慢慢转移至右腿,左手扶拉力架,右手自然垂于体侧。

练习时,左脚用力向右前上方拉,在右脚前上方交叉,至最大限度时保持片刻,然后还原。

重复数次后换脚继续练习。

(四)拉力器单腿外展

站位为侧对拉力器,如身体右侧对着拉力器,而将左脚踝与拉力器连在一起,重心慢慢转移至右腿,右手扶拉力架,左手自然垂于体侧。

练习时,左腿向左侧外展直至最大限度,然后还原。

重复数次后换另一侧脚继续练习。

第三节　健身健美运动柔韧与协调训练

一、健身健美运动柔韧性训练

柔韧素质是身体素质的重要组成部分之一,因而柔韧性练习是健身健美运动体能训练的一项重要内容。在健身健美运动柔韧性训练中,主要通过对肌肉、关节的拉伸来增加肌肉的弹性与身体的灵活性,从而为正式参与健身健美运动打好基础。

在柔韧性训练过程中,伸展练习是非常重要的一种练习方式,不同练习者的伸展练习应该具有针对性和个性化,应该从个体肌肉结构和肌肉紧张度出发进行专门设计,练习时在确保安全的前提下挑战自我极限,坚持不懈,有效提升柔韧水平,从而提升身体健康水平,塑造形体美,以及有效预防运动损伤。

（一）上肢柔韧性训练方法

1. 前臂肌伸展练习

以站立单臂伸展为例,两臂在体前平举,掌心朝上,一手握住另一手五指向下拉伸,拉伸到最大限度时保持10～30秒。两侧手臂交替练习。

2. 上臂肌伸展练习

（1）双手交叉伸展

两脚开立,挺胸收腹,后背挺直。手臂放在背后,双手十指相交,吸气,手臂在体后向后上方充分伸展,呼吸应均匀、自然,伸展到最大限度时保持10～30秒,还原,反复练习。

（2）体侧屈臂伸展

侧对墙壁以小弓步姿势站立,立腰直背,目视前方,靠近墙一侧的手臂屈肘至前臂与上臂垂直,并将前臂贴在墙面,大臂与肩齐平,另一侧手叉腰,身体随呼气向与墙壁相反的方向扭转,扭转至胸肌达到中等紧张度时,保持10～30秒,还原,两臂交替反复练习。

（3）上举屈臂伸展

两脚开立，两臂举过头顶，右臂向后背弯曲，使肘朝上，用左手抓右臂肘关节并向左侧拉引，最大限度地拉伸右肱三头肌，保持10～30秒，还原。两臂交替反复练习。

（4）屈臂侧弯

两脚开立，右臂上举再向左侧弯，肘关节向上，右手扶在头左侧位置，左臂自然落在体侧，身体尽力向左侧弯，到最大限度时保持10～30秒，还原，两侧交替练习。

（5）手臂十字伸展

两脚开立，立腰直背，左臂横于胸前，掌心朝内，右臂向上屈肘，用前臂将左上臂固定住，此时两臂成十字形，保持10～30秒，还原。两臂交替反复练习。

(二)下肢柔韧性训练方法

1. 股四头肌伸展练习

（1）站立单腿屈伸

身体背对把杆，两脚开立，立腰直背，右手将把杆扶好，稍收腹，重心放在右腿，左腿向后屈膝，脚面置于把杆上，身体缓慢后移使臀部贴近左脚，这样大腿前侧肌肉能够得到充分伸展，保持10～30秒，还原。两脚交替反复练习。

（2）跪姿单腿屈伸

先按左弓步的要求站立，然后右膝跪地，上体直立，左腿屈膝，左手放在左腿膝关节处，右手将右脚踝握住向臀部方向拉伸，充分伸展右大腿肌肉，保持10～30秒，还原。两侧交替反复练习。

2. 小腿三头肌伸展练习

（1）弓步伸展

成右弓步姿势，左脚牢牢踩地，左腿膝关节绷紧，上体尽可能挺直，保持10～30秒，还原。两侧腿交替练习。

（2）勾脚伸展

身体面对墙壁，双手扶在墙面上，勾右脚，脚尖贴墙，上体前倾，重心向前移至右脚上，以拉伸左侧小腿肌肉，保持10～30秒，还原。两侧腿反复练习。

3. 臀大肌伸展练习

（1）仰卧双腿十字屈伸展

仰卧在垫子上，两腿屈膝向上体靠拢，右脚脚踝放于左大腿上，右手穿过右腿空隙与左手十指相交（将左腿小腿抱住），上体紧贴垫子保持不动，屈臂拉左腿使之向身体靠近，充分拉伸右侧臀部肌肉，保持10～30秒，还原，两侧交替反复练习。

（2）站立单侧屈腿伸展

正对把杆站立，手扶杆，屈膝下蹲，左脚置于右侧大腿上，上体挺直，继续屈膝下沉，臀部后坐至最大限度时保持10～30秒，还原，两侧交替反复练习。

4. 腘绳肌伸展练习

（1）坐姿双腿伸展

坐在垫子上，两腿伸直且并拢，上体直立，躯干与腿成直角，身体以髋关节为轴向前倾，手臂向前伸展，用双手触碰脚尖，尽可能使身体向大腿靠近，至最大限度时保持10～30秒，还原。反复练习。

（2）坐姿单腿伸展

坐在垫子上，两腿伸直，左腿折叠，左脚贴近右腿大腿根，上体以髋关节为轴向前倾，同时两臂向前伸直，用双手去抓右脚脚尖，尽可能使上体向右腿靠近。保持10～30秒，还原。两侧腿交替反复练习。

（3）站立腹背伸展

两脚开立，向前下方尽力俯身，两臂伸展下垂，十指相交触地，保持10～30秒，还原，反复练习。

（三）躯干柔韧性训练方法

1. 胸大肌伸展练习

（1）站姿主动伸展

侧对墙以小弓步姿势站立，立腰直背，靠墙一侧手臂屈肘至大小臂垂直，小臂贴于墙上，大臂与肩齐平，肩部保持水平状态，身体向墙壁反方向扭转，直至感到胸肌达到中等紧张度时停止扭转，保持10～30秒，还原,两侧手臂交替反复练习。

（2）坐球被动伸展

在健身球上坐好,保持平衡。同伴站在身后,一侧腿屈膝提起顶在练习者的背部位置,双手将练习者的手臂上侧握住,并适当用力将练习者的两臂拉向中间。练习者感到胸大肌的拉伸感。

（3）背靠球坐姿被动伸展

背靠健身球坐好,两臂向后屈肘,双手十指交叉抱头,同伴站在健身球后,一腿将健身球抵住,另一腿成弓步位于球的外侧,双手将练习者的小臂握住,用中等力度向后拉引,练习者身体不要晃动,保持稳定和平衡,并保持自然呼吸,坚持片刻,还原,反复练习。

2. 背阔肌伸展练习

（1）站立伸展

两脚开立,两臂在体前平举,掌心朝外,十指交叉,低头含胸,向后拱背,体会背部肌肉的拉伸感,拉伸到最大限度时保持 10～30 秒,还原,反复练习。

（2）站立侧伸展

两脚开立（间距大于肩宽）,一侧手臂上举,另一侧自然落于体测,身体向上举手臂的反方向侧弯,收腹,脊柱充分伸展,保持 5～10 秒,还原,两侧交替反复练习。

（3）站立弓背

两脚开立,手臂在体前伸展,双手十指交叉,缓慢推背向后拱起,尾骨内收,体会骨盆后倾的感觉。

（4）站立俯身

正对把杆,两脚开立,两臂向前伸展,双手扶杆,两手间距大于肩宽,对双脚与把杆之间的距离进行调整,上体前俯至躯干与两腿垂直,保持 10～30 秒,还原,反复练习。

3. 腹直肌的伸展练习

（1）弓式伸展

在垫子上俯卧,向上屈膝,双手将两脚脚踝握住,身体形成弓形。在四肢的拉引下,上体慢慢离地,两臂和双脚尽量向上伸展,试着用腹部支撑,坚持数秒,还原。

（2）俯卧主动伸展

在垫子上俯卧，屈臂至大小臂垂直，前臂贴地，腹部也与垫子紧贴，肩膀放松，上体用力向上伸展，体会腹部拉伸感。或者两臂伸直、双手撑地，带动上体离地，充分伸展腹部，注意切忌耸肩，保持10～30秒，还原，反复练习。

（3）靠球仰卧伸展

坐在垫子上，身后放一个健身球，身体与球体贴紧，屈膝，两脚蹬地，带动球向后滚，身体缓慢向后躺在球体上，肩胛骨和腰背部都应该在球上头也贴紧球面，手臂在头后充分伸展，腿伸展放松，用两脚控制身体的平衡。反复练习。

4. 腹内斜肌和外斜肌的伸展练习

（1）坐姿扭转

在垫子上坐好，右腿屈膝经过左腿后着地，使右脚紧贴左腿大腿外侧，左手抱右腿膝关节外侧，右手放在身后地面，手臂伸展支撑重心。向右侧转体，转到最大限度时保持10～30秒，还原，两侧交替练习。

（2）坐姿伸腿扭转

在垫子上坐好，双腿伸直分开，两臂在体后伸展，用手掌撑地，身体稍后倾。右腿靠近左腿并上抬，使右脚脚跟紧贴左脚脚趾，抬臀，上体缓慢向左扭转，双脚内侧贴地，保持5～10秒，然后身体向右侧扭转，同样保持5～10秒。两侧交替进行。

二、健身健美运动协调性训练

协调性也就是配合性，它是指人体在神经系统的控制下，身体各部位肌肉、关节在准确的时机，释放大小适宜的力量，并以适宜的速度达到运动要求的能力。协调性的强弱直接影响人的爆发力、柔韧性和平衡力，也影响完成技术动作的综合能力。因此在健身健美运动体能训练中，不能忽视协调性的训练。

下面简单分析一般协调能力的几种简易练习方法。

（一）各种跑

进行不同步伐、不同方向的跑步练习，跑步中加上踢腿动作，如交叉步前进或交叉步后退、快速转身跑、快速倒退跑、边踢腿边跑等。跑步中注意步伐、方向的变化。

（二）模仿做对侧动作

教练徒手做一套操类运动,练习者在教练身后做和教练动作相反的一套操,动作相同,方向相反。

练习中增加组合变化来提高练习难度。

（三）弹簧走

短距离"弹簧步"练习,尽可能伸展踝关节,动作幅度尽量大。注意练习中以前脚掌着地。

（四）双人跳绳

两人摇绳,两人手拉手在绳子摇到最低点时同时跳起,跳 3～5 次后快速跑出,必须保证动作同步。

（五）身体不协调动作组合练习

上左步时左手上举,上右步时右手上举,右步后退右手叉腰,左步后退左手叉腰,动作要有节奏感。变换节奏反复练习。

（六）全身波浪起

双脚开立,先做直腿体前屈,然后依次向前跪膝（收腹、含胸、低头）、向前挺髋（收腹、含胸、低头）、向前挺腹（含胸、低头）,挺胸抬头,成反向 S 形波动,两臂在体侧绕环。

练习时注意动作柔和、流畅。

以上练习方法可以以组合的形式完成。至少选择 5 个动作进行组合练习,其中至少有 2 个方向的变化。

第四节 健身健美运动耐力训练

参与健身健美运动需要具备一定的耐力素质,尤其是在持续时间较长的健身健美运动中,运动者的耐力素质对自身综合运动能力和最后运动结果有直接的影响,是运动者运动水平和运动成绩的影响因素中的主导因素。因此,参加健身健美运动必须加强耐力训练,以提升机体承受负荷的能力,延缓疲劳出现的时间。

一、耐力训练的基本方法与手段

(一)肌肉耐力训练

1. 重复爬坡跑

在斜坡道(坡度15°左右)进行上坡跑练习,至少往返5次,可穿沙背心提升练习难度。

2. 原地间歇高抬腿跑

原地高抬腿跑练习,6~8组,每组100~150次,间歇2~4分钟。

3. 沙滩跑

在沙滩上进行快慢交替跑练习,每组500~1 000米,根据个人情况变化速度。

4. 后蹬跑

负重后蹬跑练习,6~8组,每次60~80米,间歇3~5分钟,强度约为50%~60%。

5. 连续跑台阶

在20厘米高的楼梯上连续跑30~50步,每步跑2级,重复6次,间歇 5 分钟,强度约为 55%～65%。

6. 连续深蹲跳

分腿站立,连续原地深蹲跳起,每组 20～30 次。

7. 半蹲连续跳

在草地上双脚连续向前跳,落地成半蹲姿势,然后迅速起身继续练习,半蹲时屈膝约 90°～100°。

8. 长距离多级跨跳

在跑道上进行多级跨跳练习,每组跳 80～100 米。注意组间恢复情况。

9. 负重连续跳

肩负轻器械原地连续轻跳或提踵,重复 30～50 次。

10. 沙地负重走

在沙滩上肩负杠铃杆行走 200 米,反复练习若干组,心率约 130～160 次/分钟。

11. 连续跳推举

原地蹲立,双手握杠铃杆,将杠铃提到胸前,连续进行跳推举杠铃杆练习,每组 20～30 次。

12. 沙地后蹬跑或跨步跳

在沙地上进行后蹬跑或跨步跳练习,后蹬跑每组 80～100 米,跨步跳每组 50～60 米。

13. 连续跳深

连续在跳箱上跳上向下,每组 20～30 次。

14. 划船练习

在水中划小船(单桨和双桨交替进行),每次 10 分钟,共 4～5 次,间歇 10 分钟左右。

15. 手倒立

独立或对墙进行手倒立练习,每组 1～3 分钟,共 3～4 组,间歇 5 分钟左右。

16. 拉胶皮带

连续拉胶皮带练习,如拉胶皮带支撑高抬腿、拉胶皮带扩胸等。

17. 引体向上或屈臂伸

在单杠上连续引体向上,或在双杠上连续做屈臂伸练习,每组 20～30 次,共 5 组。

18. 俯卧撑

连续做俯卧撑,每组 30 个,共 4～6 组,注意始终保持屈臂俯卧撑姿势。

(二)有氧耐力训练

1. 重复跑

在跑道上进行重复跑练习,距离、次数与强度以练习任务与要求为依据来安排,强度为 50%～60%。

2. 定时跑

15 分钟定时跑练习,强度为 50%～55%。

3. 定时定距跑

先选择练习距离,然后定时跑完,如距离 3 600～4 600 米,用 18 分钟左右跑完。

4. 5 分钟以上循环练习

选择 8～10 个练习动作组成一套循环练习,每组循环时间至少 5 分钟,共循环 3～5 组,间歇 5～10 分钟,强度为 40%～60%。

5.5 分钟以上的跳舞

跳健美操、迪斯科舞蹈等,每组至少持续 5 分钟,共 4～6 组,间歇 5～8 分钟,强度为 40%～60%。

(三)无氧耐力训练

1. 高抬腿跑转加速跑

行进间高抬腿跑 20 米左右转加速跑 80 米。重复 5～8 次,间歇 2～4 分钟,强度为 80%～85%。

2. 间歇后蹬跑

行进间后蹬跑,每组 30～40 次或 60～80 米,共 6～8 次,间歇 2～3 分钟,强度为 80%。

3. 反复跑

进行 60 米、80 米、100 米、120 米、150 米等短距离反复跑练习。根据跑距长短决定重复次数,每组 3～5 次,共 4～6 组。

4. 间歇行进间跑

进行 30 米、60 米、80 米、100 米等短距离行进间跑练习,注意计时。每组 2～3 次,共 3～4 组。

5. 反复起跑

蹲踞式或站立式起跑 30～60 米,每组 3～4 次,共 3～4 组。

6. 反复加速跑

跑道上加速跑 100 米或更长距离。跑完后放松走回再继续跑,重复 8～12 次,强度为 70%～80%。

7. 反复变向跑

听口令或看信号反复变向跑。每次 2 分钟,共 3～5 次,间歇 3～5 分钟,强度为 65%～70%。

8. 跳绳跑

两臂正摇跳绳跑练习,每次跑 200 米,重复 5～8 次,间歇 5 分钟,强度为 60%～70%。

9. 变速跑

快跑与慢跑结合练习。根据需要决定快跑段与慢跑段的距离。强度为 60%～80%。

10. 变速越野跑

越野跑中做 50～150 米或更长距离的加速跑或快跑(距离 1 000～1 500 米)。

11. 法特莱克跑

变速跑 3 000～4 000 米,可采用阶梯式变速方法。

12. 上下坡变速跑

在斜坡跑道上变速跑(坡度为 7°～10°),上坡阶段加速快跑 100～200 米,下坡阶段慢跑返回起点。每组 4～6 次,共 4～6 组。

二、有氧运动训练

在健康体能测评的指标体系中,心肺耐力是非常重要的指标之一,该指标反映了人体在活动过程中心肺系统与肌肉共同参与工作的耐受力。

心肺耐力强的人,机体能够持续工作较长时间,在运动结束后机体疲劳消除速度较快,能快速恢复正常机能水平。有效促进心肺耐力的提高不但能够促进劳动力、运动能力的提升,还能促进生活质量的改善,预防心脑血管疾病的发生。

有氧运动是专门锻炼和提高心肺耐力的运动,人体进行持续时间较长的有氧运动能够有效提升心肺耐力。有氧运动作为健身锻炼的常见方法之一,具有运动时间较长,运动负荷适中,有较强的节奏感,在不负氧债的情况下进行练习,大肌群参与运动等特点。这类运动方式功能显著,能够提升氧供应能力和血液质量,增强肌肉和心肌收缩力量,将心率控制在适宜范围内,促进呼吸系统、心血管系统功能的改善等。

有氧运动种类多样,内容丰富,人们经常参加的项目有快走、慢跑、跳绳、自行车、爬山、游泳、有氧舞蹈等。下面对其中几项大众喜闻乐见的有氧运动方式进行简要分析。

(一)慢跑

慢跑是最为常见的、大众参与度非常高的有氧运动之一,其运动强度适中,易于学习和开展,因而在大众健身运动中非常普及。坚持慢跑能够促进心肺功能的增强,加快新陈代谢,减少多余脂肪,促进肌肉耐力、机体免疫力和消化系统功能的增强,还具有对神经系统工作机制加以调节的作用,能够有效预防一些常见病,如冠心病、肺气肿等。

正确的跑步姿势为上体稍向前倾,头正直,目视前下方。屈臂前后摆动,摆臂自然,向前摆臂时肘关节稍向内,向后摆臂时肘关节稍向外,整个脚掌落地,然后过渡到前脚掌蹬离地面。跑步时尽可能保持肌肉放松,上下肢协调配合。此外,呼吸也要与身体动作相配合,要有节奏地呼吸,常见的配合方式为两步(或三步)一吸、两步(或三步)一呼。要深吸气,充分呼气,以鼻呼吸为主,但同时也要半张嘴,嘴鼻兼用。

慢跑以中等强度为宜,跑速每分钟控制在120～130米之间,跑步时间从开始时的10分钟左右逐渐增加到半小时,心率最低和最高分别为120次/分和180次/分。

在慢跑锻炼的初期,可以将快走与慢跑结合起来,走跑交替,方法比较自由,可以先快走一段,再慢跑一段,然后再快走,接着慢跑。将慢跑的正确姿势和动作节奏熟练掌握后再变化跑的方式,提升锻炼的趣味性,如从匀速跑变化为变速跑,从重复跑变化为间歇跑,从定距跑变化为定时跑等,也可以综合采用各种不同的跑步方式。

(二)有氧舞蹈

从20世纪70年代开始流行的有氧舞蹈是年轻人非常喜欢的一项有氧健身运动,它最大的特点是舞步配合音乐,舞步可以是提前编排与设计好的,也可以是配合音乐风格而即兴创作的。健美操是有氧舞蹈的基础,在这一基础之上又将流行舞步渗透其中,形成了各式各样的有氧舞蹈,如拉丁操、有氧搏击操等,伴随着节奏鲜明和律动轻快的音乐舞蹈,能够愉悦身心,调节氛围,提高运动效果。

参与以增强心肺耐力为主要目的的有氧舞蹈时,适宜的音乐节拍为每分钟120～140拍,运动量要根据呼吸频率和心率去控制,练习负荷要根据体能情况去调整,在有氧舞蹈锻炼中,如果感到呼吸困难,则放慢舞步节奏,或直接原地踏步,当体能恢复正常水平时,再进行正常负荷的练习,切忌逞能,以免危害健康。

(三)有氧踏板操

有氧踏板操是当前健身房中非常流行的一项团体操类课程,练习者先站在踏板(规格:硬塑料材质,长90～100厘米,宽30～40厘米,弹性大)前,然后跟随强烈的音乐节奏在踏板上完成健美操动作,步伐也以健美操基本步伐为主,健美操运动的特点在有氧踏板操中能够得到鲜明的体现,这项运动能够促进运动者心肺系统功能的改善和身体协调性的增强。

在踏板操练习中,要将地上的踏板放稳,根据练习者的身高调整踏板高度,以10～30厘米为宜,踏板高度与运动强度是成正比的。运动者两脚与踏板之间的距离以30厘米左右为宜,可根据实际情况而灵活调整。

跳操时,头部正直,上体挺拔,挺胸收腹,脚踏上踏板后要踩在踏板中央,而不是边缘,防止站不稳而摔倒。下板时,先前脚掌着地,然后向全脚掌过渡,缓冲落地力量,预防损伤。

(四)跳绳

跳绳也是一种经济简便的有氧运动方式,在室内和室外都可以跳绳,室内跳绳适合在地板上跳,室外跳绳不要在硬地面上跳。

跳绳时,头部正直,立腰直背,挺胸收腹,脊柱伸展,身体保持自然状态,尤其要放松手臂和肩膀,目视前方。脚落地时,以前脚掌着地为宜,要有弹性地跳起、落下,以缓冲地面的反作用力,注意协调好上下肢的动作,以免脚踩绳绊倒摔伤。

跳绳的方法比较多,如单摇跳、双摇跳、跳长绳、带人跳等,当单人进行跳绳练习时,可以选用单摇跳方式;两人练习时,可以选择带人跳的方式;当练习者较多时,可采用集体跳长绳的方式来锻炼,这样不仅能锻炼心肺耐力,还能培养集体意识和团结合作能力。

在跳绳运动中可以尝试多种跳绳方式，或者设计跳绳游戏和比赛，以增加练习的趣味性，丰富运动经验。

（四）登山运动

山川众多是我国的一大地势特点，除了那些著名的高山名山外，不知名的小山数不胜数，日常健身运动可以选择地势明朗的小山坡，最好是自己熟悉的山。登山可以使人亲近大自然，远离喧嚣，登高望远，顿感神清气爽，精神焕发，内心释然，对促进身心健康极为有益。

登山时，可以选择有台阶的路，也可以选择坡面，不管是哪种山路，只要坚持登一定的距离，坚持不懈地锻炼，就能消耗热量，促进心肺功能、消化功能的改善和下肢肌群力量的增强，并能使下肢各关节、韧带更灵活、柔软，是健身减肥和增强身体素质的有效运动处方。

参与登山运动，不宜选太高的山作为运动场所，一般以海拔1千米左右为宜。走台阶时，如果台阶太光滑或太陡峭，就不要轻易去冒险，尽量选择走有坚固护栏的山路台阶。在登山过程中若感到头晕腿软、呼吸困难，应立即停下来休息，缓解一下，待不适症状消失后再继续攀登。

最好穿平底布鞋或胶鞋去登山，穿高跟皮鞋是最不可取的。登山过程中要集中精力，步态从容。最好在太阳升起后去登山，这样在光合作用下植物会释放更多的氧气，有利于身体健康。另外，在光线充足的时间段去登山比较适宜。

登山爱好者可以每天进行一次快速登山或隔天登一次，每次时间以半小时左右为宜。老年登山者尽量选择平缓的山路，不要登台阶，否则会对膝关节造成损害。

第五章

健身健美运动之健身操系统训练

　　健身操在我国的大众健身方面占有很大的比重,无论城市还是乡村,无论老年人还是儿童,无论经济发达地区还是落后地区,健身操的普及程度都非常高,可以说是全民健身的一个重要组成部分。在开展健身健美运动的过程中,肯定离不开健身操这一运动项目。本章将从健身操概述、徒手健身操的训练和器械健身操的训练三方面着手,希望为准备开展健身操训练的人群提供一些科学的训练依据。

第一节　健身操概述

一、健身操的概念

(一)健身操的含义

健身操一词来源于英文"Aerobics",意为"有氧运动""有氧健身操"。健身操的突出特点是"健身"与"体操"的有机融合,其基本动作和内容大多数都是来源于体操、舞蹈等运动中的素材,再配合适当的音乐,或者徒手或者运用专门的器械进行练习,是一种适用范围非常广泛的健身方式。健身操既具备强身健体的作用,又有一定的娱乐性和休闲性。其运动量和运动强度非常适合在不同年龄、性别的人群中推广和普及,在中国尤其受到女性健身人群的喜爱。对老年人、孕妇等特殊体质的人群都非常友好,而且具有一些针对性。健身操属于体操的范畴,同时又具有强烈的艺术美感,不仅可以强健体魄、休闲娱乐,还能培养人们探寻音乐和艺术层面的欣赏能力,对身心都能产生积极的影响,是力量、柔韧性、耐力和美的综合体现。同时还可以起到良好的塑造形体的作用,从而满足人们对美的追求。

(二)健身操的发展

现代健身操在我国的发展是在 20 世纪 70 年代末到 80 年代初开始的,那时候,国内一些电视台开始录制各类健身操的专题节目,并涌现出一批优秀的健身操教练,如上海台娄琢玉的形体健身操、持环健身操,都是最早的面向大众的健身操普及节目,对我国早期的健身操的推广和发展起到非常重要的作用。到了 80 年代中期,开始出现了各种相关的教研机构专门研究健身操的理论和训练。此后,健身操开始从社会进入学校,成为一种深受师生喜爱的教学内容和锻炼方法。与此同时,竞技健身操在我国也得到了蓬勃的发展,全国各地还举办了各类健身操邀请赛、友谊赛、表演赛等活动,更加促进了健身操在我国的发展和普及,并且令健身操的内容和形式都得到不断完善。

现代健身操发源于美国,并发展出了丰富的比赛活动,包括大量徒手操动作、现代舞动作以及民间舞动作被运用到比赛当中,充分展现了参与者的活力和健身操的魅力。至20世纪80年代中期,健身操已经在全世界流行。比如法国、英国、德国都有数百万的人进行健身操活动,几乎同时,健身操在日本、韩国、新加坡以及泰国等国家都迅速得到普及,包括各种竞赛活动和俱乐部的发展,并受到各个阶层的青睐。

二、大众健身操的概念

大众健身操简单、活泼、易于掌握,再加上它具有娱乐性和休闲性,速度和节奏感适中,在我国各地都广泛地受到欢迎。大众健身操对练习人群和训练条件的要求都较为宽松,因此易于传播,无论在怎样的场地上都可以进行,室内或者户外,广场还是公园,只要地面平整、空间足够,就可以开展健身操活动,而且对人数也没有要求,三五个人就可以一起练习,当然,一个人在自家的客厅也可以练习,几百人的团体在空旷的广场也可以练习。由于它对训练环境、人数、条件都没有严格的约束,所以非常适合普通大众根据自身的条件开展练习,并且都能够达到较好的健身效果。

(一)大众健身操的适用范围

大众健身操简单易学,运动强度适中,娱乐性强,具有保健、美体、医疗等功效,尤其适合女性中老年朋友。在我国,大众健身操的主要练习群体也以老年人为主,可见健身操深受老年人的喜爱。无论在城市还是乡村,老年人都喜欢选择清晨或者傍晚,一般以社区为单位,选择一块环境适宜、较为宽敞的空地进行练习,这非常适合我国的国情。健身操对于场地要求不高,不需要太大的经济投入,适合我国各个地区,无论经济发展强弱,体育公共设施建设情况如何,都能够找到适合当地的健身操运动的环境。健身操是一项群众健身性运动项目,适用范围广,对参与者的要求不高,不同年龄、不同文化程度、不同素质修养的人都可以进行练习。在我国,参加健身操练习的人不仅把它当成一种健身方式,还把它作为自娱自乐的消遣方式。正是由于健身操具有这种强烈的娱乐功能,所以才可使越来越多处于不同文化层次的人对其产生了兴趣。

对于逐渐迈入老龄化社会这一现实情况而言,老年人的健身健美已经成为社会发展的一项重要议题。此外,还有一些人由于自身客观情况或者身体素质的现实,只适合从事一些运动量小、简单好学的运动项目,那么健身操也是他们的首选项目。还有儿童、孕妇、疾病康复等特殊群体也可以通过健身操加强锻炼,从而获得更为理想的健康水平。

(二)大众健身操的分类

大众健身操的种类较为丰富,在内容和形式上都有体现。健身操根据不同年龄、性别、目的、持器械与否、锻炼部位等的不同可分为以下几类。

(1)根据锻炼年龄分为儿童健身操、青少年健身操、中老年健身操。

(2)根据锻炼目的分为康复健身操、保健健身操、健美健身操。

(3)根据形式分为徒手健身操和器械健身操。

(4)根据锻炼部位分为颈部、胸部、腰部、腿部、手臂、腿部、臀部等的局部健身操。

(5)按人员性别可分为男子健身操、女子健身操和男女混合健身操。

此外,还有一些特定的健身操是按照人名、音乐或舞蹈来命名的,比如简·方达健身操、瑜伽健身操、斗牛士健身操、搏击健身操等。

三、健身操的特点

(一)高度的艺术性

健身操运动具有高度的艺术性,包含音乐、体操、力量,是"健康、力量、美丽"的高度集合,里面包含丰富的内容,包含现代纯竞技体育内容,也有表演性质的内容,具有较丰富的艺术内涵,因此它的审美价值不可小觑。健身操融合了许多民族、文化、体育的因素,具有很高的艺术延展性,是"健、力、美"的集中表现,是人类有史以来追求身体健康的普遍努力的体现。无论是哪一类健身操,无论是健身性质,还是竞赛性质,无不处处表现出了"健、力、美"的特征,这也正是人们热爱健身操运动的原因之一。它使人们全身心地参与到健身操的整个过程,欣赏健身操的美,体验运动带来的激动,深刻感受一种综合了运动与艺术的独特的体育形式的美好体验。独特的动作表达形式再现出生产、生活和娱乐的情景,流露出浓郁的自然气息,给人以强烈的视觉冲击,展现出各民族迥异的劳动审美情趣。因此,健身操自从诞生以来就一致具有扎实的群众实践基础,从而形成了别具一格的动作表达形式。

健身操动作协调、流畅、有弹性,不仅使练习者锻炼了身体、增强了体质,还从中得到了美的享受,提高了素养和艺术修养。而竞赛类健身操运动员在比赛中所表现出的健美的体魄、高超的技术、流畅的编排和充沛的体力等也无不给观众留下深刻的印象,充分体现出了民族健身操运动的"健、力、美"特征和高度的艺术性。

(二)强烈的节奏感

健身操动作具有强烈的节奏感,并通过音乐充分地表现出来。因此,音乐是健身操运动不可或缺的组成部分。无论哪种健身操,都具有自身独特的气质,需要不同的音乐进行烘托,因而产生具有多种风格特征和多种内容的健身操种类,其节奏强劲有力,旋律优美,具有烘托气氛、激发人们情绪的效应。

健身操运动之所以深受广大运动爱好者的喜爱,除练习本身的功效性、动作的时代感外,还有一个很重要的因素就是音乐给健身操运动带来了活力。健身操动作与音乐和谐统一,节奏感强烈,使健身操练习者更具感染力,使民族健身操运动的比赛和表演更具有广泛的适应性。健身操融健身、娱乐、治疗、防病于一身,运动的练习形式丰富多样,动作优美流畅,学习起来简单易行,运动量适中,不受时间、场地、器材、人数、气候等条件的限制,老少皆益。各种人群都能从健身操运动练习中找到适合自己的运动方式,都能从健身操运动的练习中得到乐趣。

通过健身操运动的练习,不仅锻炼了身体,还可体验节奏感明朗的音乐,感受音乐的魅力。

(三)良好的健身健美性

健身操动作是经过精心安排和设计的完整的操化动作,除了音乐的艺术性、节奏感之外,更重要的是其肢体运动具有相当的身体锻炼价值。比如健身操是在有氧运动的基础上,经过解剖学、生理学、体育美学和健美操运动等多学科的理论指导创编而成,其动作和形式具有明显的全面性、对称性和针对性,有助于人们塑造形体,改善体态,对提高生理功能更是有良好的功效。它的主要功能可以分为以下几种

1. 增进健康美

健身操具有身体上、精神上、心理上和社会适应能力上的综合的调节和锻炼功能,其中,最基本的也是最重要的是增进人的健康之美。健康美是一种积极的健康观念和现代意识,也是机体最有效发挥功能的最好状态。具有良好健康状态的人,无论是身体状态、心理状态还是精神状态都处于一个协调的水平上,因此他们除了能够自我感觉良好外,还可以轻松应对日常工作和生活中的事情,还可以有精力参加各种社交、娱乐及休闲运动,有发展新的兴趣的积极性,有探索的求知欲。一个具有健康美的人,应该具备良好的心肺功能及速度、力量、平衡、灵敏和柔韧等身体素质。心肺功能的增强使心脏与循环系统有效运作,将机体所需的营养物质、氧气及生物活性物质运送到肌肉和各组织器官,并把代谢产物运走,在有机体的生命活动中发挥着重要作用。肌肉力量的发展不仅能够塑造强健的体魄,亦具有强大的活动能力。而通过长期的健身操的训练,是可以达到这些健康水平的。

2. 塑造形体美

形体分为姿态和体形。姿态主要是指从人们平时的一举一动中表现出来的行为习惯,受后天因素的影响较大。人们的体形除了受到先天因素的影响之外,更多的是受到体育锻炼的塑造而成。坚持规律地锻炼的人,他们的体形一定处于健康的、轻盈的、有活力的状态,而长期缺乏锻炼的人,则恰恰相反,会表现得相对羸弱。健身操的练习动作要求与人们日常生活中的姿势要求基本一致。因此,通过长期的健身操练习可改善不良的姿态,给人以朝气蓬勃、健康向上的感觉。健身操运动还可以塑造健美的体形,可使骨骼粗壮,肌肉围度增大,从而弥补先天的体形缺陷,使人变得匀称、健美,同时还可消除体内多余的脂肪,维持人体吸收与消耗的平衡,降低体重,保持健美的体形。

(四)健身的便捷性

健身操几乎是人人可轻松习得的一种运动形式。它不但简单易学,而且对锻炼者的基础条件没有任何限制,甚至孕妇也可以进行练习。在当前竞争激烈的社会环境下,人们既想有良好的精力投入到工作中,又希望有时间加强身体锻炼,但是受限于时间、精力等的限制,很多人没有办法做到。比如进行一项运动大约需要一个小时的时间,包括运动前的准备,到达运动场所的时间,运动时间以及运动后的梳洗时间,那么对于一个繁忙的上班族而言,每天抽出一部分稳定的时间用于健身其实是存在一定的困难的。而健身操恰好能弥补这一缺失。因为健身操对练习场所没有限制,对练习者的基础身体条件和运动基础也没有严格的要求,因此,只要愿意,随时可以抽出20分钟至30分钟的时间在家里或者办公室进行一段健身操的练习,让健身变得唾手可得,不会带来新的时间上或者经济上的压力。

(五)能够娱乐身心

随着时代的发展和社会的进步,人们在享受科学技术带来的舒适生活和各种便利的同时,也受到了来自方方面面的精神压力。除了精神疏导之外,运动也是非常有效的减轻压力的手段。研究证明,每天做20分钟的有氧运动,就能有效地缓解精神压力,获得相对舒畅的心理空间。健身操作为一项新型的体育运动,其动作优美、协调,有节奏强烈的音乐伴奏,具有明显的缓解精神压力的属性。在轻松、优美的健身操锻炼中,可以短暂地将人们的注意力从烦恼的事物上转移开,与失意、压抑、焦虑拉开一段距离,从而切换到一个新的相对安静的空间,从而缓解精神压力,使人具有更强的活力并达到最佳的心态。

另外,需要提出的是,健身操运动还可以锻炼人们的社会交往能力。目前,大多数人都是以群体的形式定期进行健身操训练的,通过学校、社区、健身房等不同的社群的形式进行练习,很自然地让个人融入一个集体,通过交流心得、彼此互助的方式,增强了社会交往能力。把人们从工作和家庭的单一环境中解脱出来,去接触和认识更多的人,眼界也更加开阔,从而为生活开辟了另一片天地。总之,健身操锻炼不仅能强身健体,同时还具有娱乐功能和社会功能,可使人在锻炼中得到一种人际关系的连接,满足人们的心理需要。

第二节　徒手健身操训练

徒手健身操是指无须借助任何器械,仅依靠身体完成的完整健身操。徒手健身操有很多种类,本节主要介绍基础的有氧搏击操和有氧拉丁健身操的训练方法。

一、有氧搏击操

(一)动作组合一

1. 第一个八拍

如图 5-1 所示,手型为拳。

图 5-1　第一个八拍

2. 第二个八拍

如图 5-2 所示，手型为拳。

1,3　　　2　　　4,6,8　　　5　　　7

图 5-2　第二个八拍

3. 第三个八拍

如图 5-3 所示，基本手型为拳。

1　　　2,4,8　　　3,7　　　5　　　6

图 5-3　第三个八拍

4. 第四个八拍

如图 5-4 所示，面向 1 点方向，手型为拳。

1,5　　　2,6　　　3　　　4,8　　　7

图 5-4　第四个八拍

(二) 动作组合二

1. 第一个八拍

如图 5-5 所示，面向 1 点方向，手型为拳。

1　　　2　　　3　　　4

5　　　6　　　7　　　8

图 5-5　第一个八拍

2. 第二个八拍

如图 5-6 所示，手型为拳，双臂胸前屈肘，肘向腹部下拉。

图 5-6　第二个八拍

3. 第三个八拍

如图 5-7 所示，面向 1 点方向，手型为拳。

图 5-7　第三个八拍

4. 第四个八拍

如图 5-8 所示，手型为拳。

1, 5, 7　　　2, 6, 8　　　3　　　4

图 5-8　第四个八拍

（三）动作组合三

1. 第一个八拍

如图 5-9 所示，手型为拳。

1, 5　　　2, 4　　　3

5　　　6　　　7　　　8

图 5-9　第一个八拍

2. 第二个八拍

如图 5-10 所示，手型为拳。

图 5-10　第二个八拍

3. 第三个八拍

如图 5-11 所示，手型为拳。

图 5-11　第三个八拍

4. 第四个八拍

如图 5-12 所示，手型为拳。

1,5　　　　　　2,6　　　　　　3,7　　　　　　4,8

图 5-12　第四个八拍

(四)动作组合四

1. 第一个八拍

如图 5-13 所示,面向 1 点方向,手型为拳。

1　　　　　2　　　　　3　　　　　4

5　　　　　6,8　　　　　7

图 5-13　第一个八拍

2. 第二个八拍

如图 5-14 所示,手型为拳。

图 5-14 第二个八拍

3. 第三个八拍

如图 5-15 所示,面向 1 点方向,手型为拳,手臂动作为防守姿势。

图 5-15 第三个八拍

4. 第四个八拍

如图 5-16 所示，手型为拳。

图 5-16　第四个八拍

（五）动作组合五

1. 第一个八拍

如图 5-17 所示，面向 1 点方向，手型为拳。

图 5-17　第一个八拍

2. 第二八拍

如图 5-18 所示,面向 1 点方向,手型为拳,胸前屈臂,做好防守姿势。

图 5-18　第二个八拍

3. 第三个八拍

如图 5-19 所示,手型为拳。

图 5-19　第三个八拍

4. 第四个八拍

如图 5-20 所示,手型为拳。

图 5-20　第四个八拍

（六）动作组合六

1. 第一个八拍

如图 5-21 所示，手型为拳。

图 5-21　第一个八拍

2. 第二个八拍

如图 5-22 所示，手型为拳。

图 5-22　第二个八拍

3. 第三个八拍

如图 5-23 所示,手型为拳。

图 5-23　第三个八拍

4. 第四个八拍

如图 5-24 所示,面向 1 点方向,手型为拳。

图 5-24　第四个八拍

二、有氧拉丁健身操

（一）初级有氧拉丁健美操组合动作

1. 第一个八拍（图 5-25）。

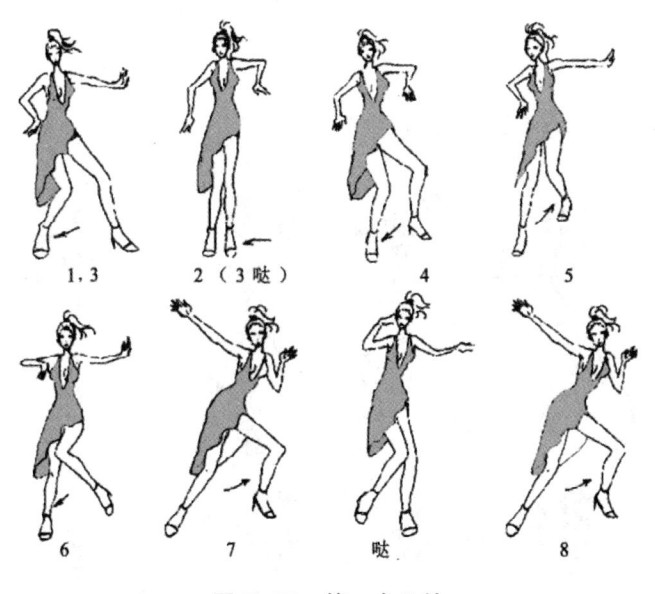

图 5-25　第一个八拍

2. 第二个八拍（图 5-26）

图 5-26　第二个八拍

3. 第三个八拍（图 5-27）

图 5-27　第三个八拍

4. 第四个八拍（图 5-28）

1　　　　　　2　　　　　　3～4　　　　　3哒

图 5-28　第四个八拍

(二) 中级有氧拉丁健美操组合动作

1. 第一个八拍 (图 5-29)

1～2　　　　3～4　　　　5～6　　　　哒　　　　7～8

图 5-29　第一个八拍

2. 第二个八拍 (图 5-30)

1　　　　　　2　　　　　　3　　　　　　4

图 5-30　第二个八拍

3. 第三个八拍(图 5-31)

图 5-31　第三个八拍

4. 第四个八拍(图 5-32)

图 5-32　第四个八拍

第三节　器械健身操训练

一、哑铃操

(一) 第一节

(1) 第一个八拍(图 5-33)。

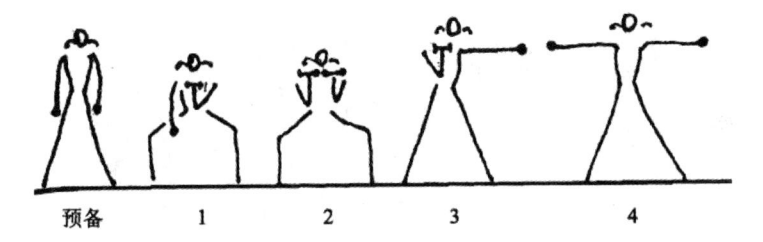

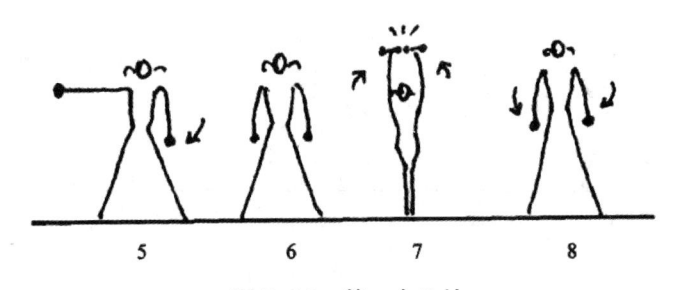

图 5-33　第一个八拍

(2) 第二个八拍(图 5-34)。

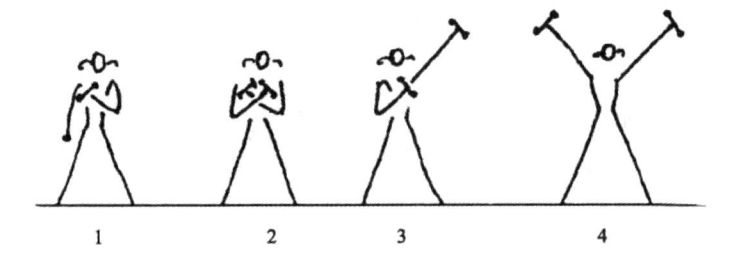

图 5-34 第二个八拍

（3）第三个八拍（图 5-35）。

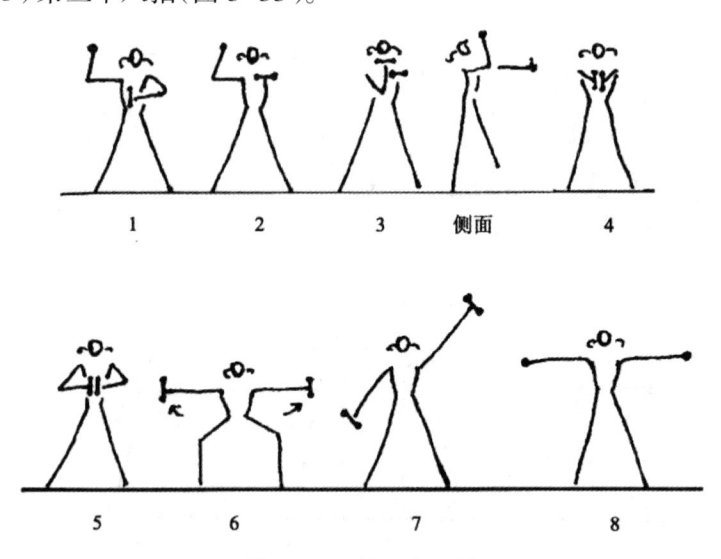

图 5-35 第三个八拍

（4）第四个八拍。

第四个八拍同第三个八拍，但方向相反。

(二) 第二节

（1）第一个八拍（图 5-36）。

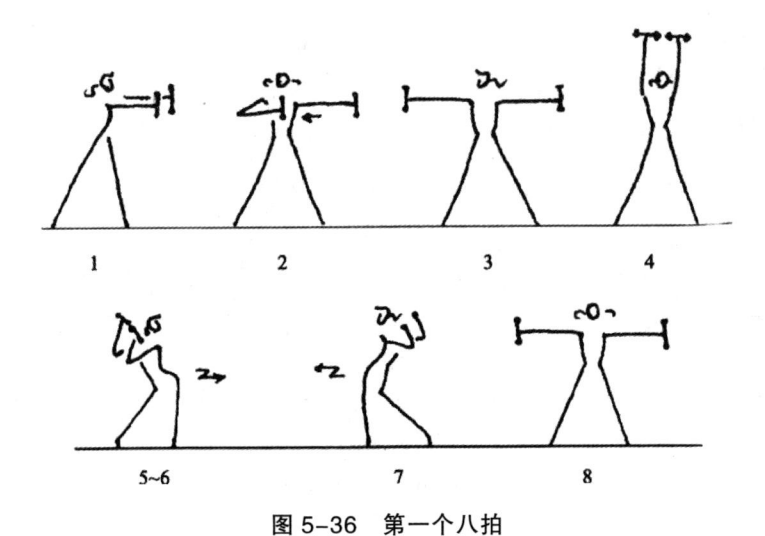

图 5-36　第一个八拍

（2）第二个八拍。

第二个八拍同第一个八拍，但方向相反。

（3）第三个八拍（图 5-37）。

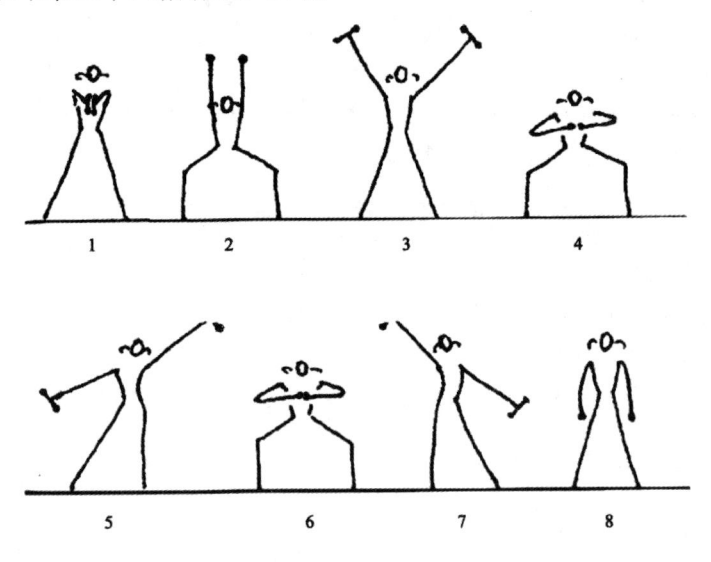

图 5-37　第三个八拍

（4）第四个八拍。

第四个八拍同第三个八拍。

(三)第三节

(1)第一个八拍(图5-38)。

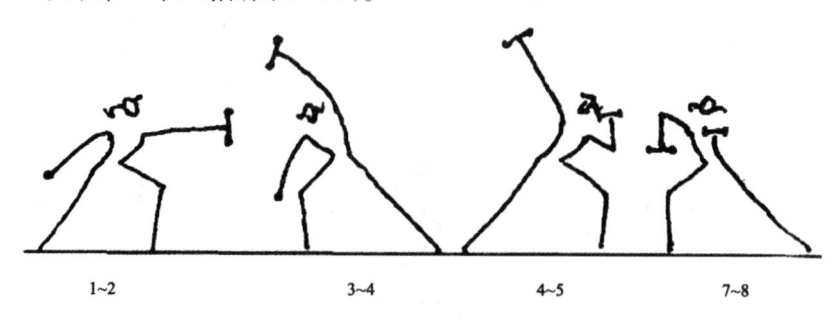

图 5-38　第一个八拍

(2)第二个八拍(图5-39)。

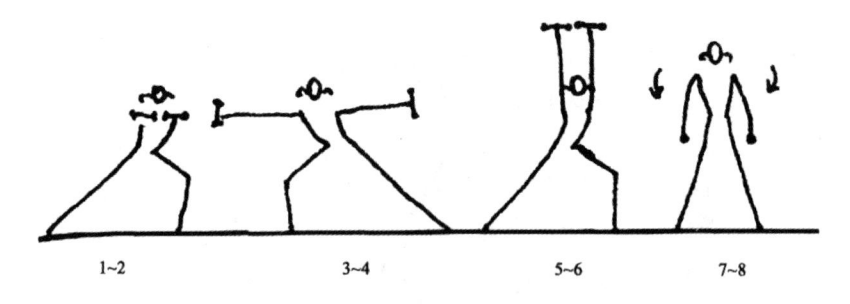

图 5-39　第二个八拍

(3)第三个八拍。

第三个八拍同第一个八拍,但方向相反。

(4)第四个八拍。

第四个八拍同第二个八拍,但方向相反。

(四)第四节

(1)第一个八拍(图5-40)。

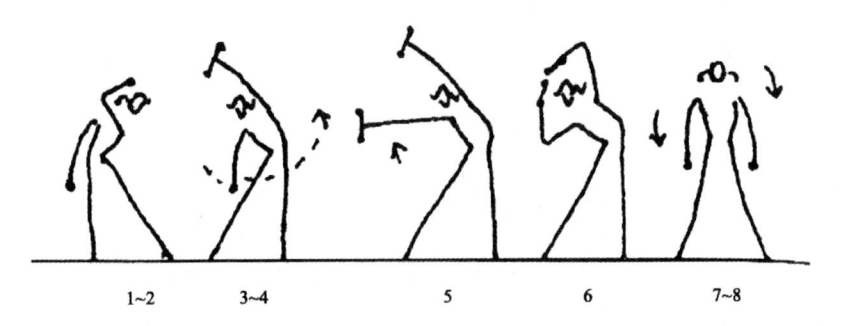

图 5-40　第一个八拍

（2）第二个八拍。

第二个八拍同第一个八拍，但方向相反。

（3）第三个八拍（图 5-41）。

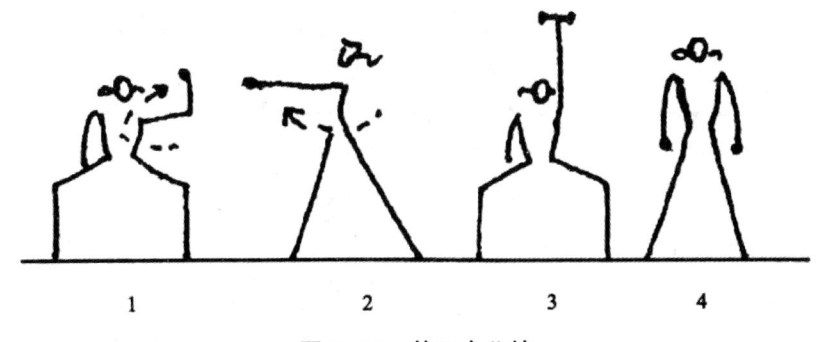

图 5-41　第三个八拍

（4）第四个八拍（图 5-42）。

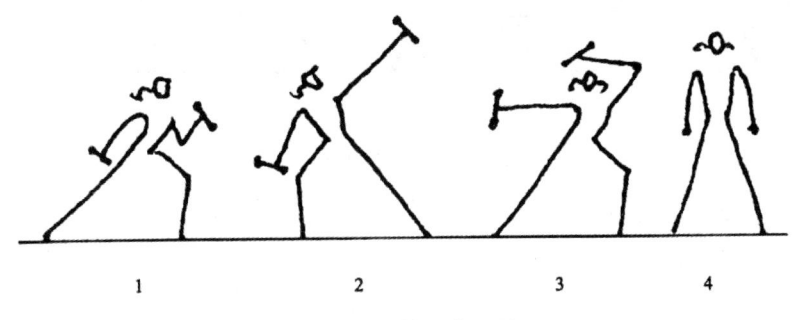

图 5-42　第四个八拍

（五）第五节

（1）第一个八拍（图5-43）。

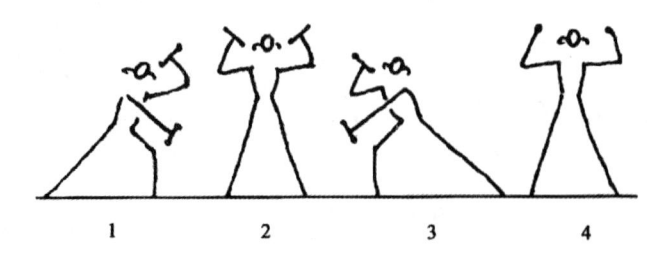

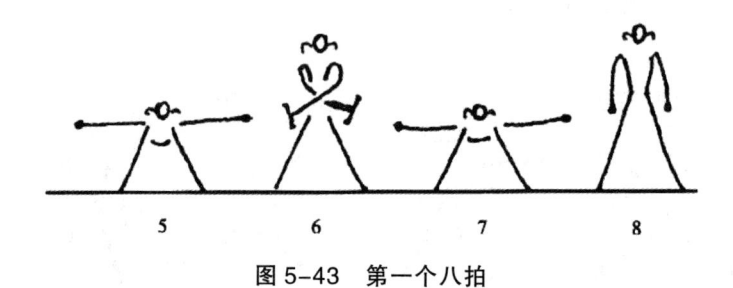

图5-43　第一个八拍

（2）第二个八拍（图5-44）。

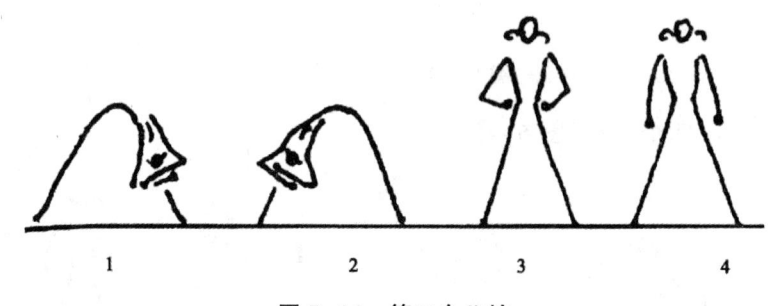

图5-44　第二个八拍

（3）第三个八拍（图5-45）。

（4）第四个八拍。

第四个八拍同第三个八拍，但方向相反。

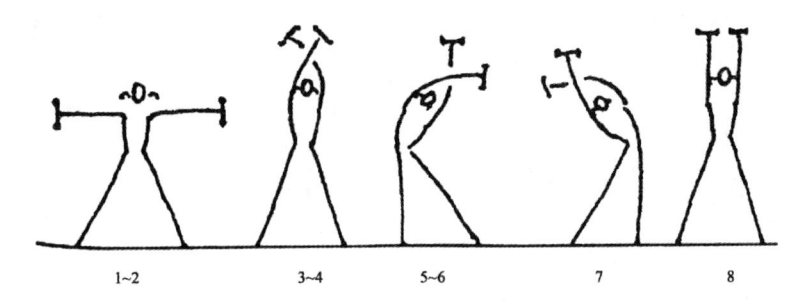

图 5-45　第三个八拍

（六）第六节

（1）第一个八拍（图 5-46）。

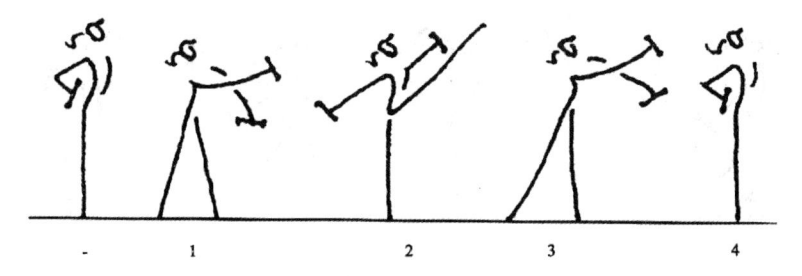

图 5-46　第一个八拍

（2）第二个八拍（图 5-47）。

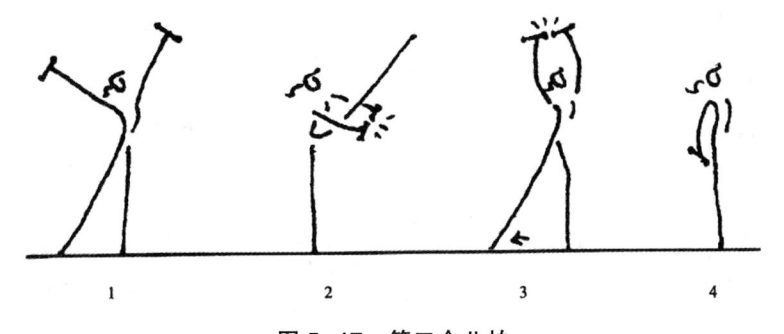

图 5-47　第二个八拍

（3）第三个八拍(图5-48)。

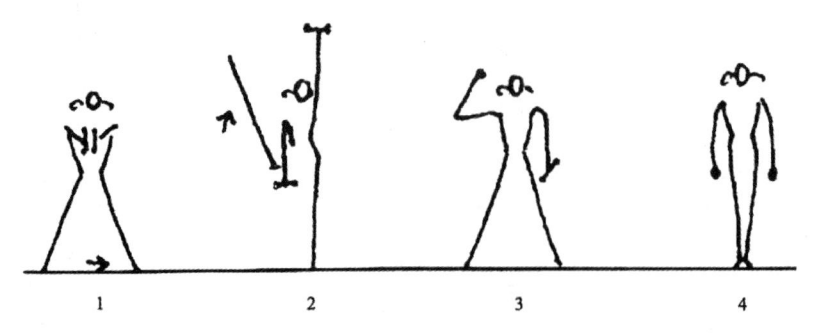

图5-48　第三个八拍

（4）第四个八拍(图5-49)。

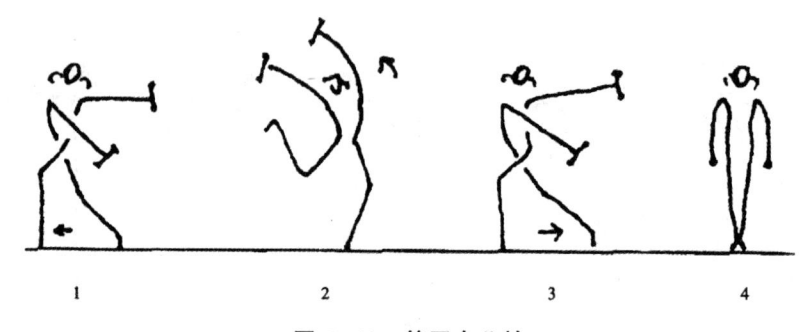

图5-49　第四个八拍

（七）第七节

（1）第一个八拍(图5-50)。

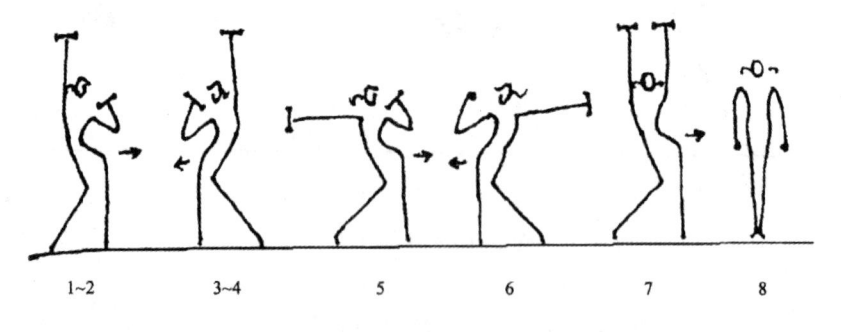

图5-50　第一个八拍

（2）第二个八拍（图5-51）。

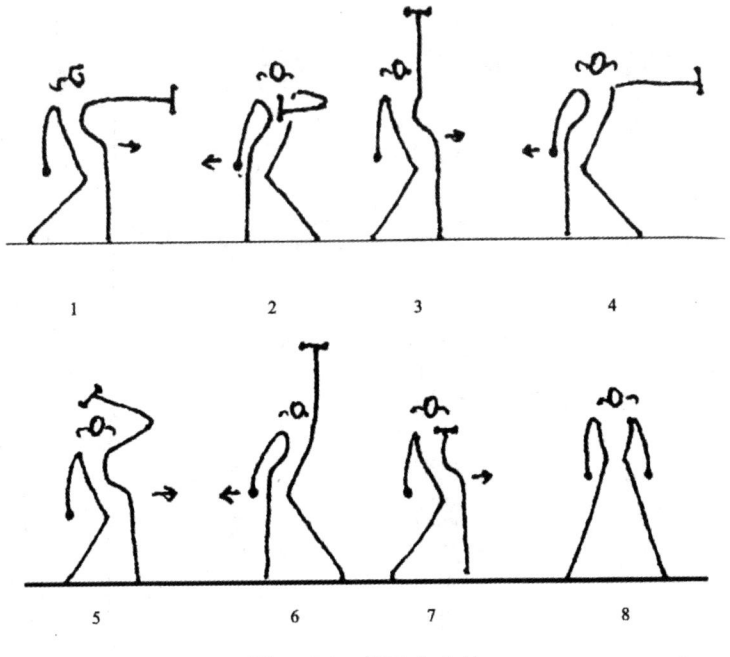

图 5-51　第二个八拍

二、踏板操

（一）初级组合

1. 组合一

（1）第一个八拍（图5-52）。

图 5-52　第一个八拍

健身健美
126 ◀ 运动系统性训练理论与方法研究

（2）第二个八拍（图5-53）。

1, 5　　2, 6　　3, 7　　4, 8

图5-53　第二个八拍

（3）第三个八拍（图5-54）。

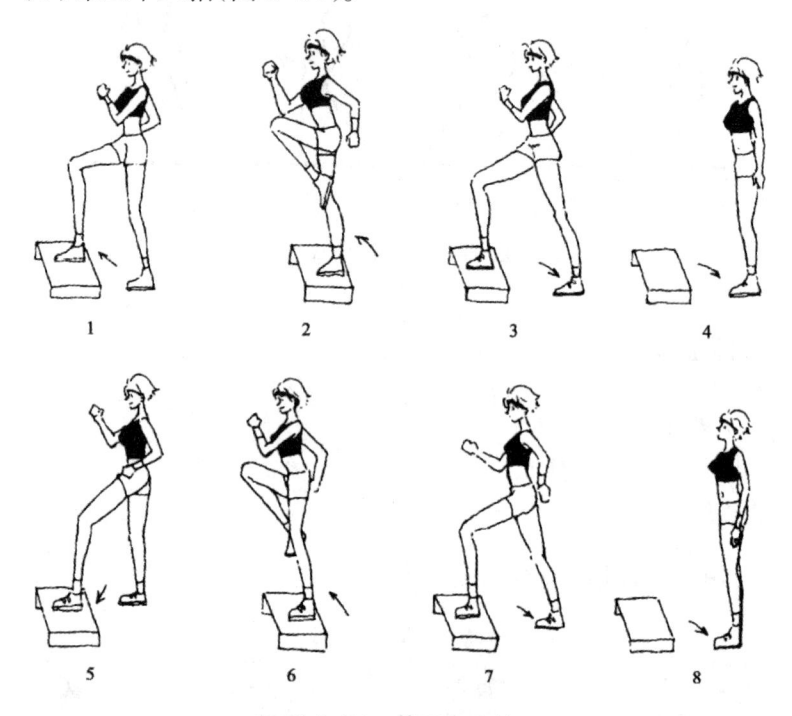

1　　2　　3　　4

5　　6　　7　　8

图5-54　第三个八拍

（4）第四个八拍（图5-55）。

1, 5　　　2, 6　　　3, 7　　　4, 8

图5-55　第四个八拍

2. 组合二

（1）第一个八拍（图5-56）。

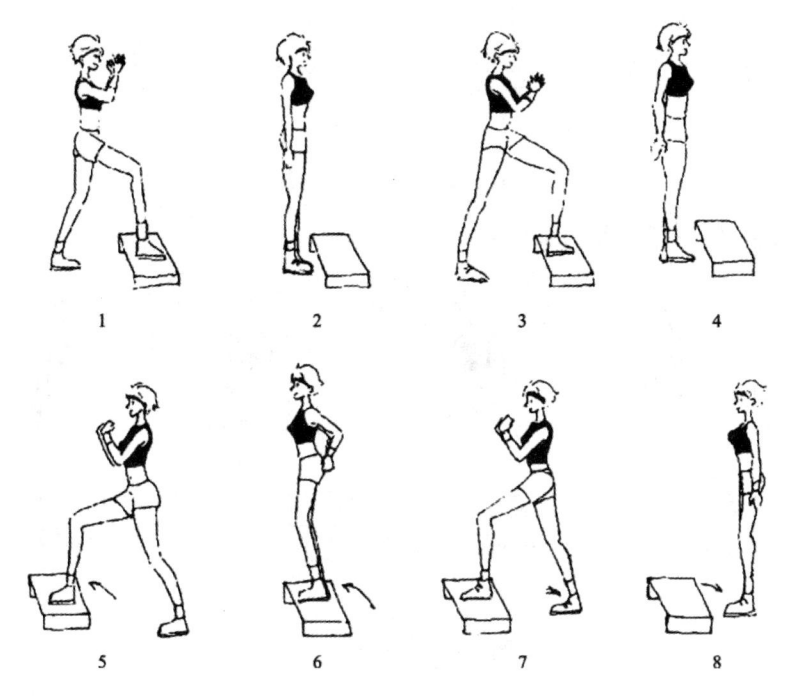

1　　　2　　　3　　　4

5　　　6　　　7　　　8

图5-56　第一个八拍

健身健美
运动系统性训练理论与方法研究

（2）第二个八拍（图5-57）。

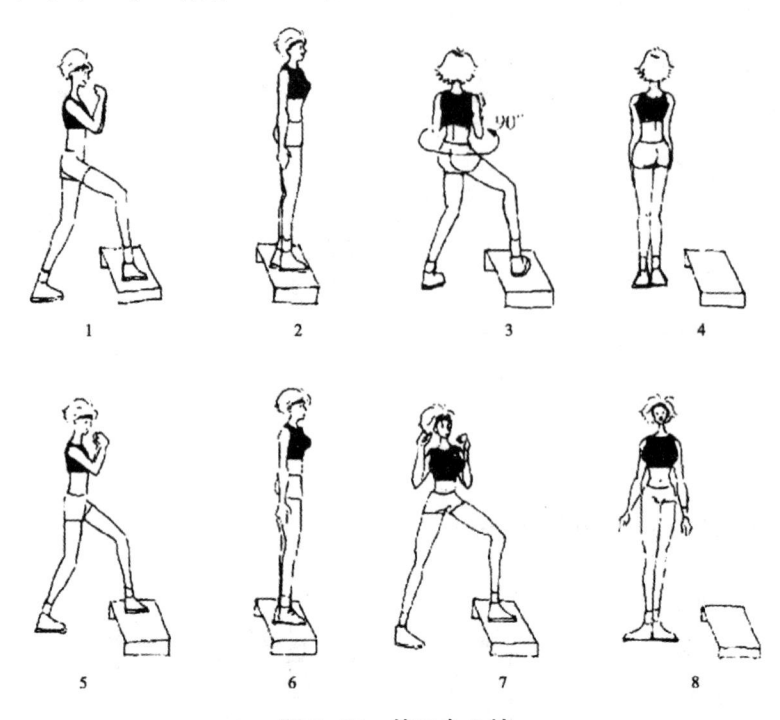

图5-57 第二个八拍

（3）第三个八拍（图5-58）。

图5-58 第三个八拍

（4）第四个八拍（图5-59）。

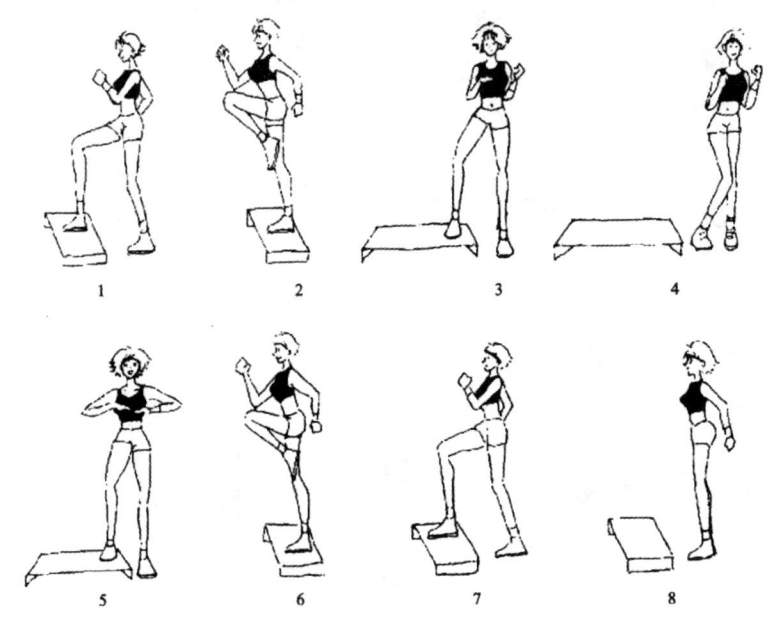

图5-59　第四个八拍

(二)中级组合

1. 组合一

（1）第一个八拍（图5-60）。

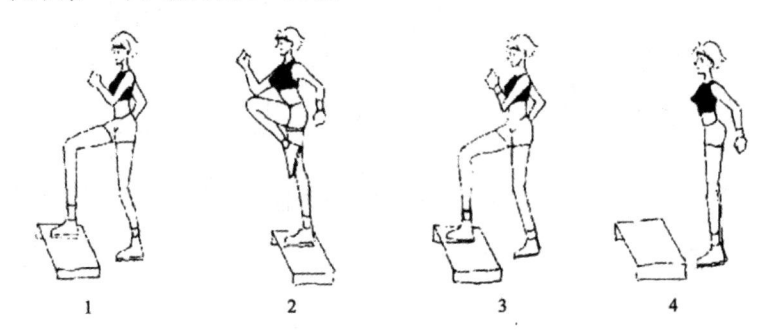

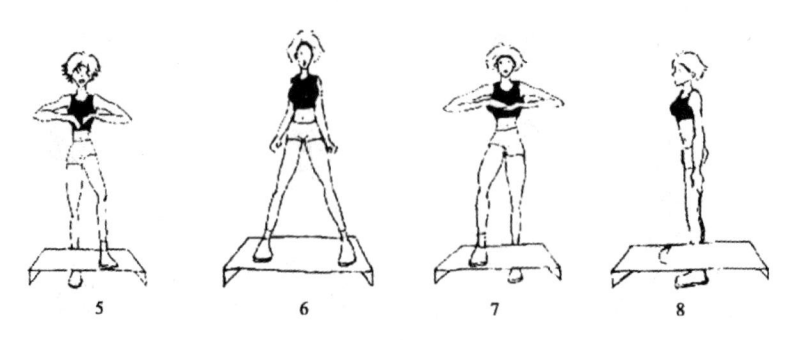

图 5-60　第一个八拍

（2）第二个八拍（图 5-61）。

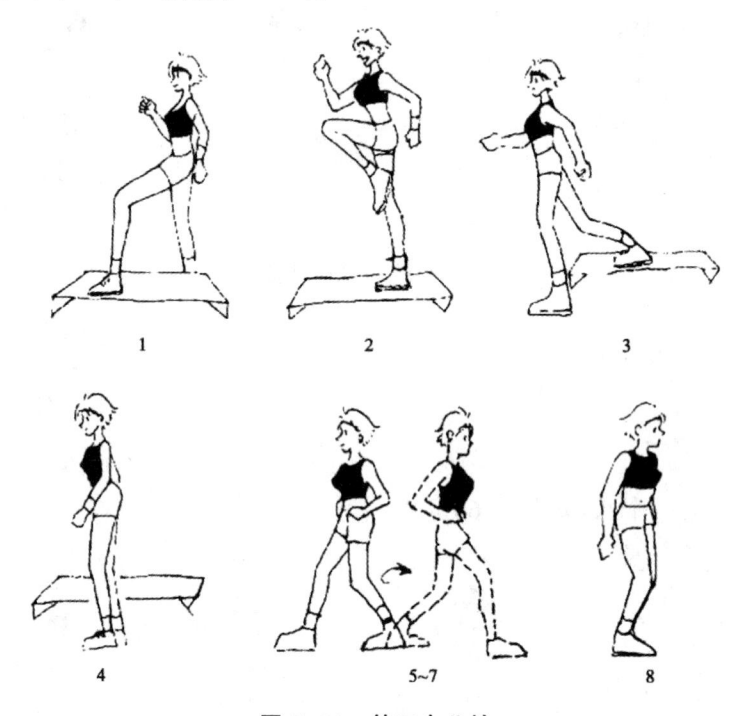

图 5-61　第二个八拍

（3）第三个八拍（图 5-62）。

图 5-62　第三个八拍

（4）第四个八拍（图 5-63）。

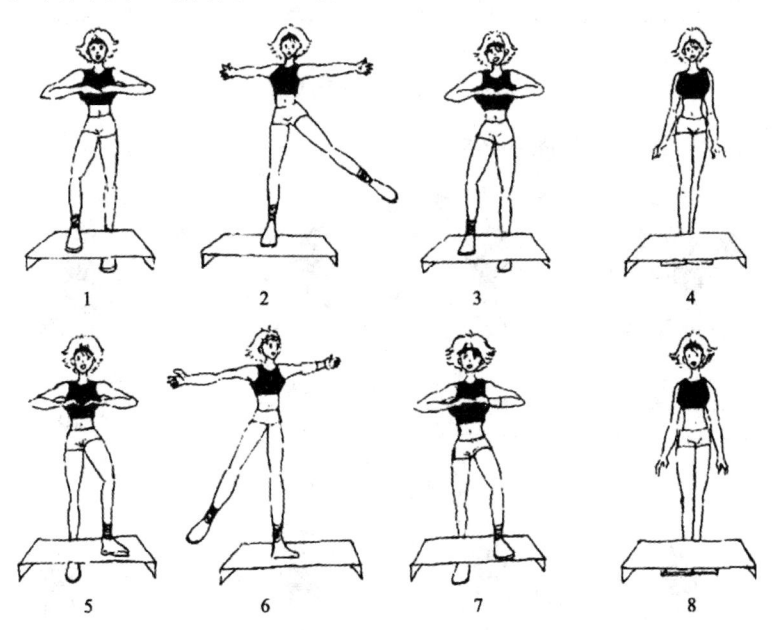

图 5-63　第四个八拍

健身健美
132 ◀ 运动系统性训练理论与方法研究

2. 组合二

（1）第一个八拍（图5-64）。

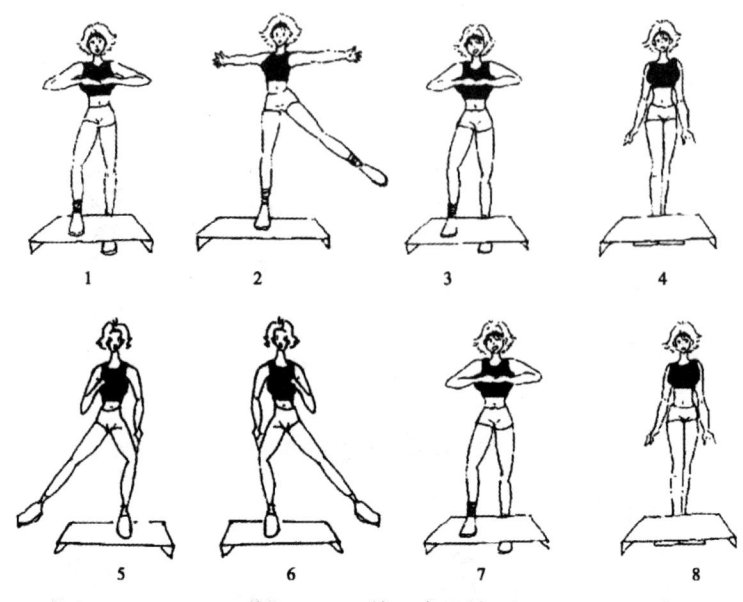

图5-64　第一个八拍

（2）第二个八拍（图5-65）。

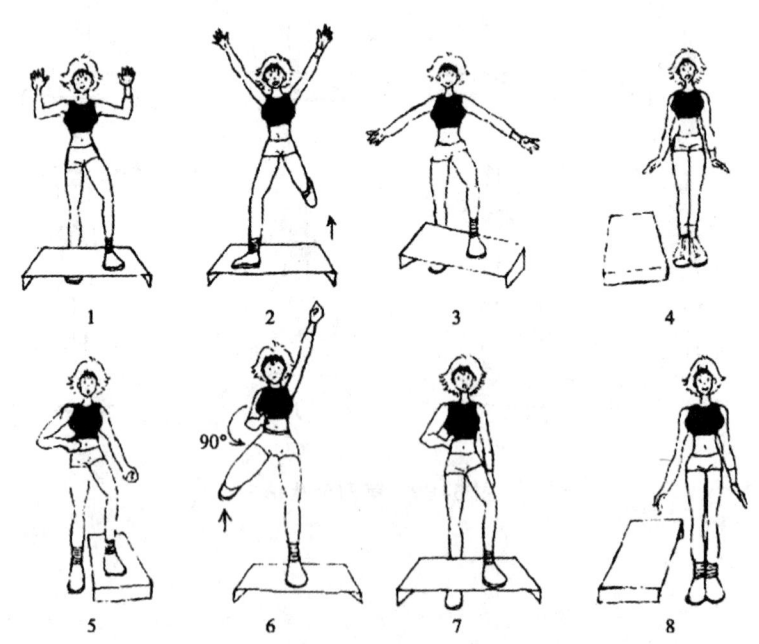

图5-65　第二个八拍

(3) 第三个八拍（图 5-66）。

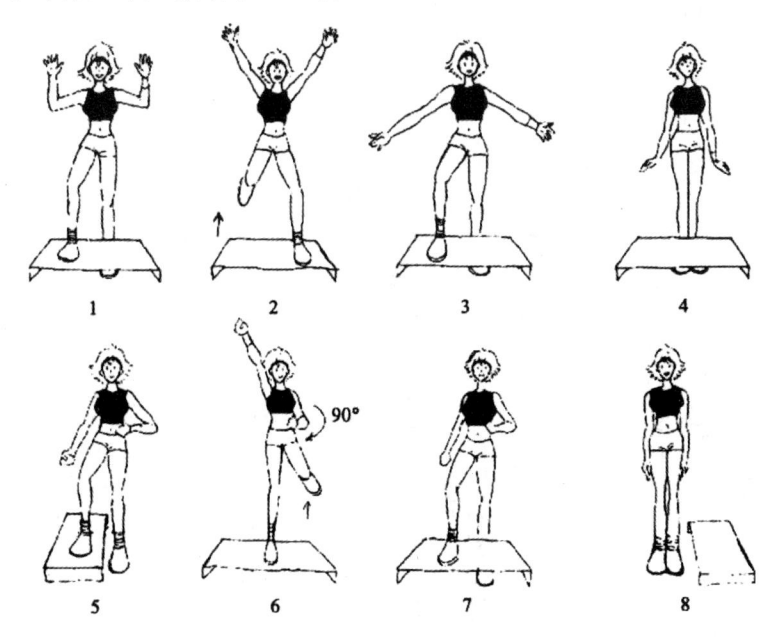

图 5-66　第三个八拍

(4) 第四个八拍（图 5-67）。

图 5-67　第四个八拍

健身健美
运动系统性训练理论与方法研究

(三)高级组合

1. 组合一

(1)第一个八拍(图5-68)。

图5-68 第一个八拍

(2)第二个八拍(图5-69)。

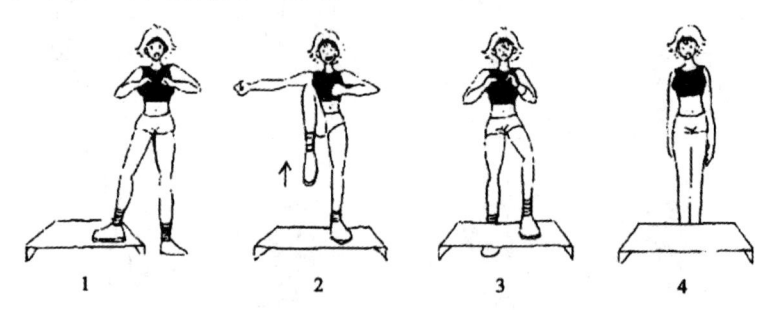

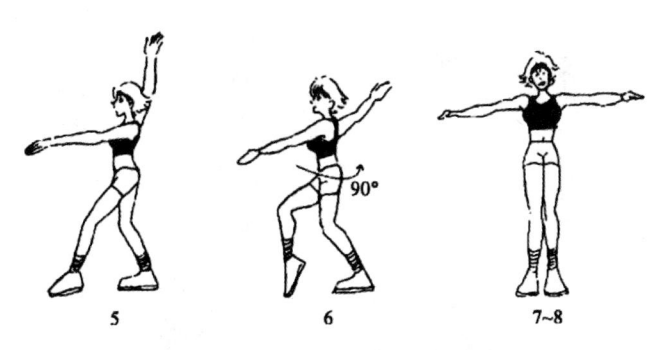

图 5-69　第二个八拍

（3）第三个八拍（图 5-70）。

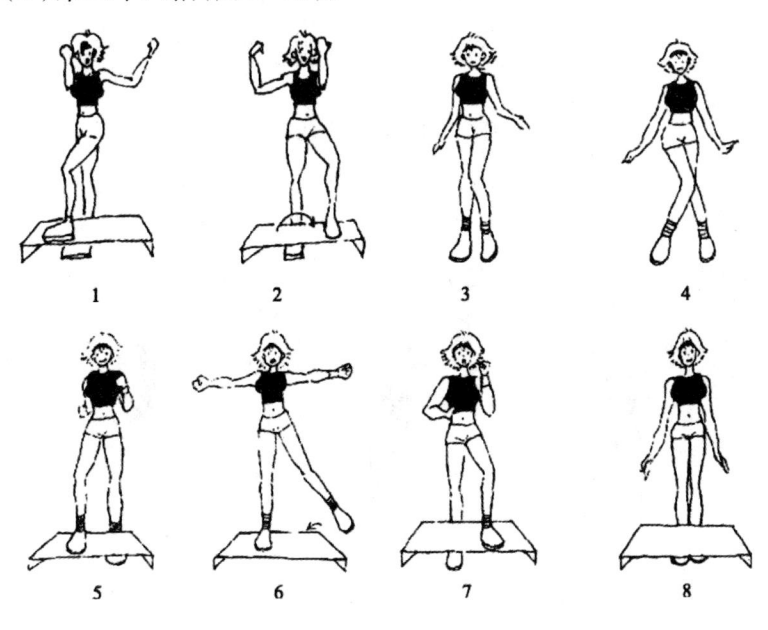

图 5-70　第三个八拍

健身健美

运动系统性训练理论与方法研究

（4）第四个八拍(图 5-71)。

图 5-71 第四个八拍

2. 组合二

（1）第一个八拍(图 5-72)。

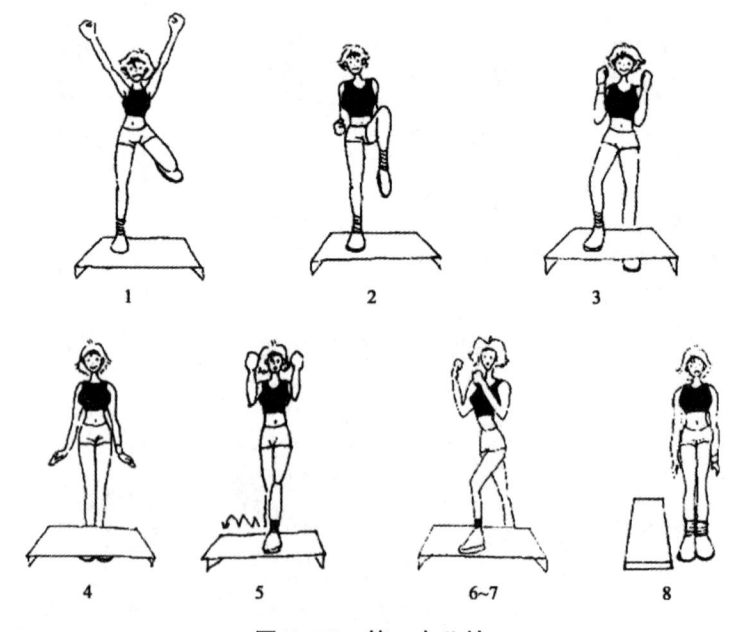

图 5-72 第一个八拍

(2) 第二个八拍(图 5-73)。

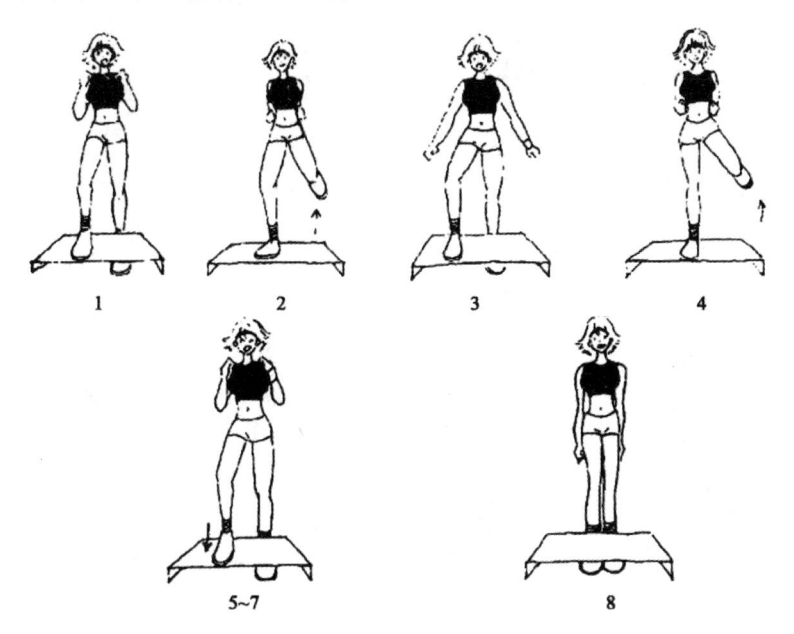

图 5-73　第二个八拍

(3) 第三个八拍(图 5-74)。

图 5-74　第三个八拍

健身健美
138 ◀ 运动系统性训练理论与方法研究

（4）第四个八拍（图 5-75）。

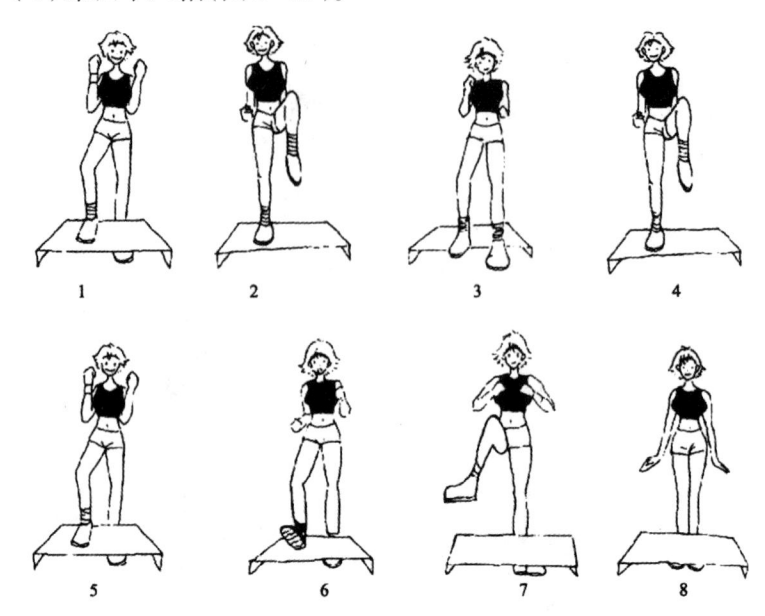

图 5-75　第四个八拍

第六章

健身健美运动之健美操系统训练

健美操是典型的有氧健身运动,也是塑形健美的运动项目之一,它将体操、音乐、舞蹈融为一体,具有健、力、美的内涵与特征。科学而系统地参与健美操运动训练,对增强体质、塑形美体、陶冶情操、提高审美素养以及促进身心协调发展具有重要意义。本章主要对健美操训练展开研究,首先分析健美操基本理论知识,然后重点探讨健美操基本动作和成套动作的科学训练方法。

第一节 健美操概述

一、健美操的发展简述

(一)健美操的产生与兴起

1968年,美国太空总署为增强太空人的体能,专门设计了身体素质方面的训练内容,医学博士库珀是其中一名设计者,他创编了一些具有针对性的体能训练动作,并将动作与音乐结合起来,这样一来,令人耳目一新的运动方式和训练内容——健美操应运而生。美国人对这项运动十分青睐,健美操也很快从美国传播到世界各地。

20世纪70年代末,健美操运动在众多参与者和传播者的共同努力下,逐渐发展为独立的体育运动项目,以《简·方达健美操》一书及其录像带的出现为主要标志。《简·方达健美操》一书由美国影视演员、制作人、模特、健身教练简·方达(Jesy Sorense)编写,在1980年出版发行,先后被译成20多种文字在世界各国广泛传播。后来,简·方达在传统健美操的基础上又推陈出新,进行了对踏板健美操的创编。踏板健美操和传统健美操相比很有优势,如练习内容更加丰富有趣;踏板高度可以调节,不同的高度对应不同的运动负荷;利用踏板的缓冲功能起到对运动损伤的预防作用。

1980年,日本创建了健美操学校,《自学健美操》一书随即出版,健美操在日本逐渐流行开来,而且在当时的终身体育背景下,健美操作为一项新兴运动项目被日本体育爱好者广泛接受,其发展速度很快。正因为健美操在日本有广泛的群众基础,发展快,因此决定将日本作为国际健美操组织——国际健美操联合会(LAF)总部的地址。

健美操作为新兴体育项目,具有健身健美的作用,也有强身健体、愉悦身心的功能,再加上其与音乐、舞蹈密切结合,因而很快就成为人们运动锻炼的主要内容之一,健美操热潮逐渐出现在世界各国。

（二）健美操在我国的发展

健美操在我国的发展大致经历了以下两个阶段。

1. 传入

我国从20世纪80年代初期开始全面实行改革开放政策，世界上关于社会各个领域的前沿信息涌入我国，其中也包括体育方面的信息，尤其是世界流行的体育运动项目。当时，我国很多专家致力于对人体美的研究，而对促进人体美有重要作用的健美操自然就吸引了美学专家和体育专家的关注，一些国内专刊开始刊登与健美操有关的文章，有关健美操运动的节目也被中央电视台体育频道转播，各种媒体争相报道有关健美操运动的新闻，社会大众开始关注健美操。

2. 普及

随着素质教育的提出，"美育"成为学校教育的重要工作之一。健美操与美育的理念相符，能够塑造形体美、促进健康美，培养人的审美素养，因而受到学校教育工作者的普遍认可。1984年，我国首个健美操教研室在北京体育学院成立。1985年，北京体育学院创编"青年韵律操"并进行广泛推广，受到广大大学生的喜爱。我国第一本健美操教材——《健美操试用教材》于1986年出版。教材出版后，健美操课程在各高校陆续开设，健美操教学活动有序开展，各种校园健美操比赛也陆续举办，高校健美操获得了快速发展。

我国健美操不但在学校开展良好，而且在社会上也有广泛的群众基础。随着人民群众收入水平的提高和生活质量的改善，人们的精神需求越来越强烈，开始追求自身的美，发现生活的美，能够满足人们审美需求的健美操运动受到人民群众的关注，大众纷纷参与健美操运动，并推动了健美操健身中心、健身俱乐部的创立。北京利生健康城是我国首家健美操健身中心，创建于1987年。之后，上海、广州、深圳等各大经济发达的城市也陆续创立健身俱乐部，开设健美操课程，吸引了诸多会员。此外，社会大众自发组织的健美操活动也同样丰富多彩，有关单位也在政府的支持下，集合社会力量举办了针对少儿、青年、老人等不同年龄人群的健美操比赛，使各年龄段的人都有机会接触健美操运动，使健美操融入所有人的生活中。因而健美操在我国拥有极其广泛的群众基础。

从20世纪90年代至今,健美操在我国的普及面越来越广泛,推广价值越来越高,赢得了政府的支持、体育企业的青睐以及众多健身爱好者的喜爱。随着健美操的不断发展,在健身健美操基础动作的基础上逐渐衍生出形式各样的新兴健美操项目,如有氧搏击操、拉丁健身操等。新的健美操形式拥有各种创新的元素,将武术、舞蹈等充分融入健身健美操运动中,形成崭新的、创新的、有趣的健美操运动方式。此外,普拉提、瑜伽等形体运动也可以看作是健身健美操的派生运动方式和拓展的新内容,它们既有健美操的特点与价值,也有自身的独特性。

总之,健美操运动类型多样,内容丰富,特征鲜明,价值突出,群众基础广泛,拥有强大的生命力,其将凭借自身的优势在全世界获得更高水平的发展。

二、健美操的分类

健美操兴起于大众健身及娱乐活动,随着健美操运动的不断发展,逐渐融入了表演和竞赛的元素,健美操的内容与表现形式越来越丰富和多变,分类方法也逐渐增多。

通常按照健美操运动的目的和任务对其分类,大致分为健身健美操、竞技健美操和表演健美操三种类型,各类健美操又包含多种表现形式,如图6-1所示。

三、健美操的特点

现代健美操运动在长期的发展与演进中形成了自身的独特性,下面简单分析健美操的几个基本特点。

（一）广泛适用性

健美操是健身美体的重要运动项目之一,它与现代人追求身心健康和追求美的需要是相符的。健美操音乐风格激昂,振奋人心,在音乐伴奏下进行健美操锻炼,能够疏通筋骨,愉悦身心,体验欢快奔放的热烈情感。此外,健美操对场地没有太高的要求,负荷强度可大可小,有专门针对不同年龄群体和职业群体创编的健美操套路,练习形式多样,因而以其广泛的适用性受到了大众的青睐。

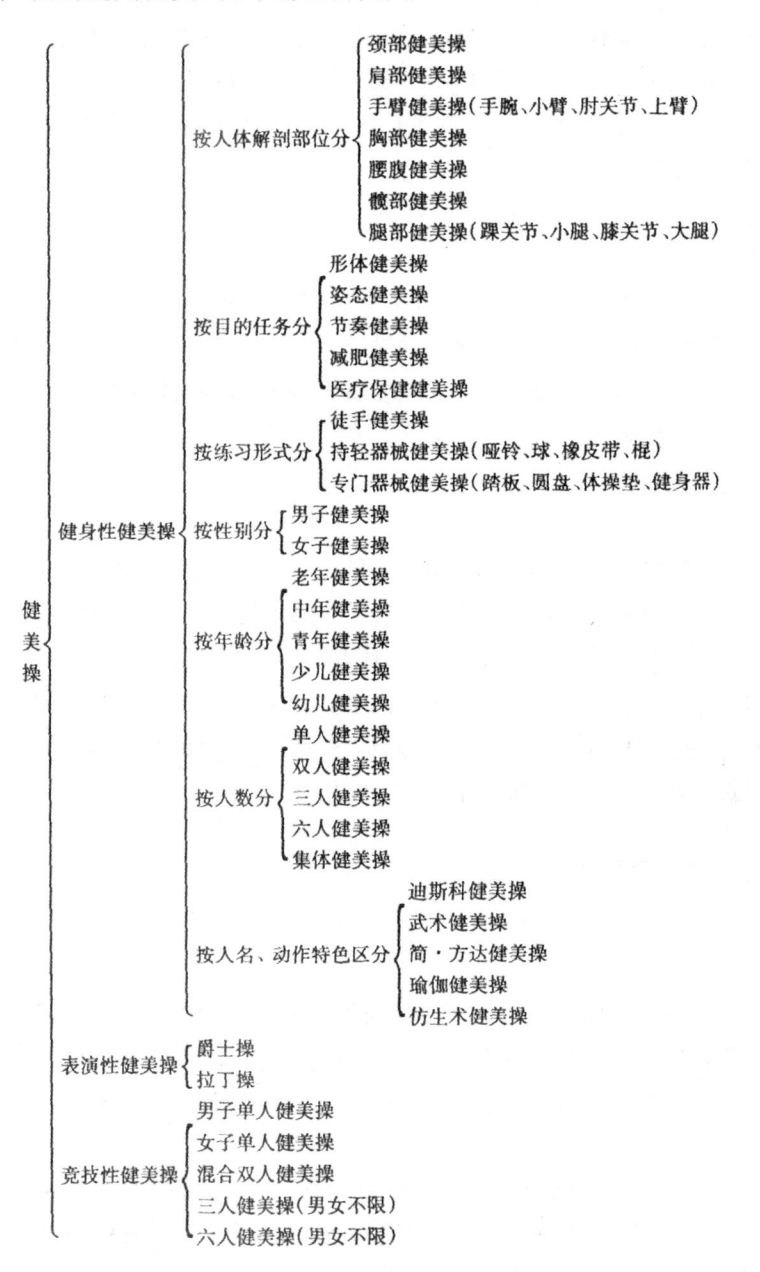

```
健美操
├─健身性健美操
│   ├─按人体解剖部位分
│   │   ├─颈部健美操
│   │   ├─肩部健美操
│   │   ├─手臂健美操(手腕、小臂、肘关节、上臂)
│   │   ├─胸部健美操
│   │   ├─腰腹健美操
│   │   ├─髋部健美操
│   │   └─腿部健美操(踝关节、小腿、膝关节、大腿)
│   ├─按目的任务分
│   │   ├─形体健美操
│   │   ├─姿态健美操
│   │   ├─节奏健美操
│   │   ├─减肥健美操
│   │   └─医疗保健健美操
│   ├─按练习形式分
│   │   ├─徒手健美操
│   │   ├─持轻器械健美操(哑铃、球、橡皮带、棍)
│   │   └─专门器械健美操(踏板、圆盘、体操垫、健身器)
│   ├─按性别分
│   │   ├─男子健美操
│   │   └─女子健美操
│   ├─按年龄分
│   │   ├─老年健美操
│   │   ├─中年健美操
│   │   ├─青年健美操
│   │   ├─少儿健美操
│   │   └─幼儿健美操
│   ├─按人数分
│   │   ├─单人健美操
│   │   ├─双人健美操
│   │   ├─三人健美操
│   │   ├─六人健美操
│   │   └─集体健美操
│   └─按人名、动作特色区分
│       ├─迪斯科健美操
│       ├─武术健美操
│       ├─简·方达健美操
│       ├─瑜伽健美操
│       └─仿生术健美操
├─表演性健美操
│   ├─爵士操
│   └─拉丁操
└─竞技性健美操
    ├─男子单人健美操
    ├─女子单人健美操
    ├─混合双人健美操
    ├─三人健美操(男女不限)
    └─六人健美操(男女不限)
```

图 6-1　健美操运动分类[①]

---

① 王京琼. 健美操教学与训练[M]. 长沙:中南大学出版社,2008.

（二）时代感和律动性

健美操运动作为一项时尚流行的健身健美运动,是体操、舞蹈和音乐的有机统一体,特色非常鲜明。健美操创编者在创编过程中多将时代感强的时尚体操、现代舞蹈、现代音乐(摇滚、爵士等)作为素材,具有十足的律动性和强烈的时代感。

（三）艺术性

健美操追求"健"与"美",同时属于"健身体育"和"健美体育"的范畴。从健美体育的角度来看,健美操作为代表项目之一具有鲜明的艺术性。人们参与健美操运动,不但能够强身健体,而且能够陶冶情操,提升艺术修养和审美素养。

（四）实效性

健美操是典型的健身健美运动,健美操动作的编排是以多学科理论为基础的,包括人体解剖学、运动生理学、运动心理学以及体育美学等,基于多学科理论而创编的健美操动作具有一定的弹性和力度,参与者要在不断的走、跑、跳等活动中完成健美操动作,从而能够促进肌肉力量的增强、身体协调能力的提升,也能消除脂肪,塑造健美形体。这些都反映了健美操运动具有健身美体的实效性。

四、健美操的作用

（一）塑造健美体形

长期坚持参加健美操运动,有利于正确身体姿态习惯的养成,能够提升肌肉的弹性,拥有矫健的体态,使体形更加匀称,肢体更加协调,在身体练习中动作更加优美,总体上使身体各部位向健美的方向变化发展。

进行健美操锻炼时,身体姿态要标准,要满足挺拔、端庄的基本要求,而且要表现出饱满的情绪和愉悦的精神状态,使内外整体协调统一,优美和谐,同时塑造内在美和外形美,培养高雅气质。

（二）提升身体的协调性和节奏感

健美操运动本身就具有鲜明的节奏感和高度的协调性,因此对参与者的节奏感、身体协调性要求很高。

健美操套路训练中,手臂和步伐动作复杂多变,各种新颖的变化是通过对动作方位、动作路线、动作幅度、动作节奏以及动作频率等因素做出调整而实现的,参与者在完成各种健美操动作的过程中,身体协调性能够得到有效提高,而良好的身体协调性又能够为更好地完成健美操套路奠定基础。

健美操的音乐节奏和其他音乐节奏相比,其独特性在于对健美操的动作节奏、动作速度以及动作力度有控制作用,甚至对运动负荷也有直接影响,节奏感好的人才能真正跟着音乐跳操,将身体动作与音乐完全融合在一起,所以说参与健美操运动能够培养人的节奏感。

（三）培养自信心

健美操运动是具有艺术性的健身健美运动项目,长期坚持参与健美操运动,能够塑造形体美、心理美、精神美,提高审美情趣,使体力更充沛、精力更旺盛、身心发展更协调,从而调动生活、学习和工作的热情,主动展现自我,提高学习和工作效率,提升生活质量,提升对自身的满意度,由内而外地散发自信。

（四）培养创新能力

健美操运动的发展离不开创新,健美操创编者要具备良好的创新素养,在健美操动作设计、音乐选编等方面都要勇于探索,敢于创新,大胆突破,推陈出新,创造出更新更好的作品。健美操参与者作为业余创编主体,同样要具备这方面的能力。

人们参与健美操运动的过程也是不断思考和思维创新的过程,只有主动思考,大胆想象,敢于突破传统套路模式,发挥主观能动性和创造性,才能在健美操运动实践中充分展示人体美,展示自信,实现自我价值,满足更高层次的需求。

第二节　健美操基本动作训练

一、健美操基本动作解析

（一）基本手型

在健美操运动中,手型的变化具有重要的作用和意义,能够使手臂动作更加丰富多彩,生动活泼,表现出美感;也有助于加强动作的力量性。健美操常见手型如下。

1. 掌

（1）并指掌

大拇指指关节弯曲内扣,其余四指并拢伸直。手腕伸直,使手臂成一条直线。关节与掌指关节适度紧张(图6-2①)。

（2）分指掌

五指用力分开,并伸直(图6-2②)。

（3）屈指掌

手掌用力上屈,五指自然弯曲(图6-2③)。

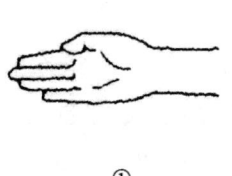

图6-2　掌

2. 拳

（1）实心拳

拇指握住四指,中间无空隙(图6-3①)。

（2）空心拳

拇指握住四指,中间有空隙(图6-3②)。

① ②

图6-3 拳

3. 其他手型

除了掌和拳,还有以下常用的手型。

(1)西班牙舞手型

五指分开,小指内旋,拇指稍内收(图6-4①)。

(2)剑指

食指和中指并拢伸直,拇指、无名指、小指内收(图6-4②)。

(3)"V"指

拇指与小指、无名指弯曲,食指与中指伸直并尽力分开(图6-4③)。

(4)响指

无名指与小指屈握,拇指与中指、食指摩擦后,中指击打大鱼际处产生响声(图6-4④)。

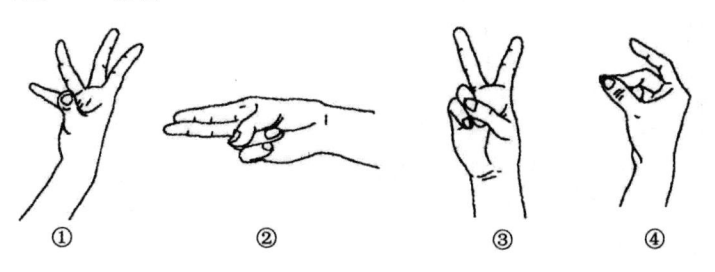

① ② ③ ④

图6-4 各种手型

(二)头颈部动作

1. 屈

头部向前、后、左、右四个方向分别做颈部关节弯曲的运动,包括前屈、后屈、左侧屈、右侧屈(图6-5)。练习时身体正直,动作缓慢,充分伸展颈部肌肉。

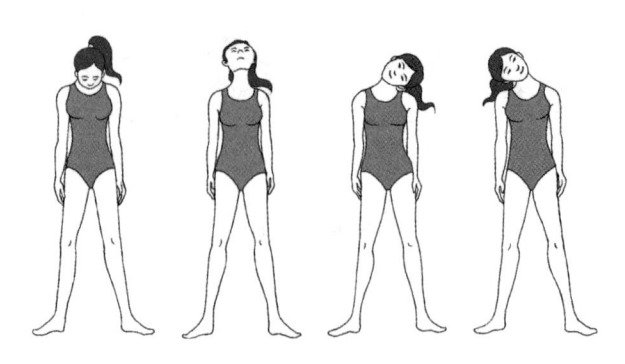

图 6-5　屈

2. 转

头正直,头颈部沿身体垂直轴向左、右转动 90°。要求下颌平稳地左右转动。动作包括左转、右转(图 6-6)。

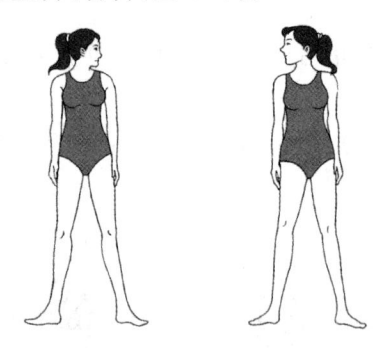

图 6-6　转

3. 环绕

头正直,头颈部沿身体垂直轴向左或右转动 360°,包括左环绕和右环绕(图 6-7)。要求头部匀速缓慢转动,动作要到位,向后转时头要后仰。

(三)肩部动作

1. 提肩

两脚开立,身体正直,肩部沿身体垂直轴向上提起。动作包括单提肩、双提肩(图 6-8)。要求肩部尽可能向上提起,身体不能摆动。

图 6-7 环绕

图 6-8 提肩

2. 沉肩

两脚开立,身体正直,肩部沿身体垂直轴向下沉落(图 6-9)。注意身体不能摆动,头尽量向上伸展。

图 6-9 沉肩

3. 绕肩

两脚开立,身体正直,肩部沿身体前、后、上、下四个方向绕动。动作变化包括单肩环绕、双肩环绕(图6-10)。绕肩时身体不要摆动,动作尽量舒展。

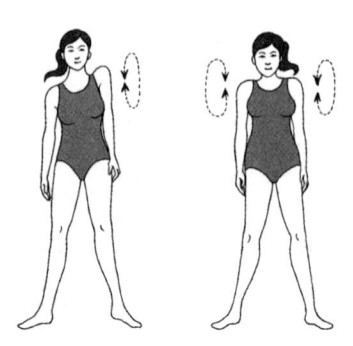

图 6-10　绕肩

(四)上肢动作

1. 举

手臂以肩关节为中心而活动,包括前举、后举、侧举、侧上举、侧下举、上举等形式(图6-11)。注意动作要到位,有力度。

图 6-11　举

2. 屈

肘关节由弯曲到伸直或由伸直到弯曲的动作。动作变化有胸前平屈、肩侧屈、肩上侧屈、肩下侧屈、胸前上屈、头后屈等（图6-12）。注意关节屈伸要有弹性。

图6-12 屈

3. 绕、绕环

两臂或单臂以肩为轴做弧线运动。动作变化主要有两臂或单臂向内、外、前、后绕或环绕等（图6-13）。注意路线清晰，起始和结束动作位置明确。

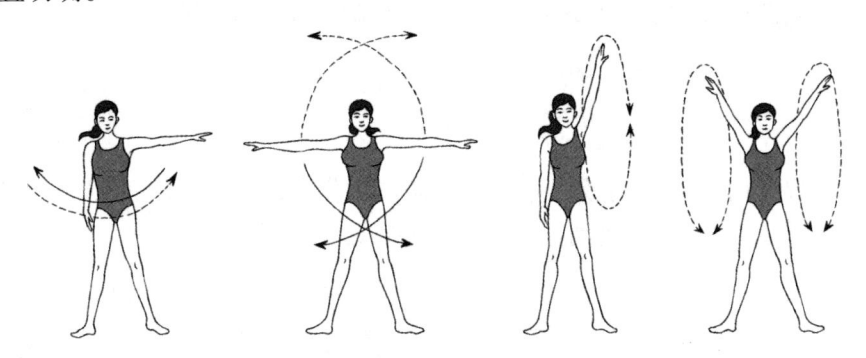

图6-13 绕、环绕

（五）躯干动作

1. 胸部动作

（1）含胸、挺胸

含胸时，低头收腹，收肩，形成背弓，呼气；挺胸时，抬头挺胸，展肩，吸气。动作变化包括手臂胸前平屈含胸、手臂侧平举展胸。注意含胸时身体放松，但不松懈；挺胸时身体紧张但不僵硬（图6-14）。

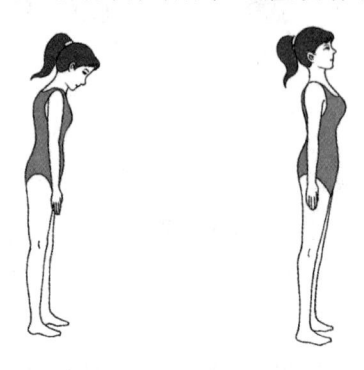

图6-14 含胸和挺胸

（2）移胸
髋部位置固定，腰腹带动胸部左右移动；动作幅度尽量大。

2. 腰部动作

（1）屈
腰部向前或向侧做拉伸运动。动作变化有前屈、后屈、侧屈三种形式。要求充分伸展，运动速度适中（图6-15）。

图6-15 屈

（2）转

腰部带动身体沿垂直轴左右转动。身体保持适度紧张,转动要灵活（图6-16）。

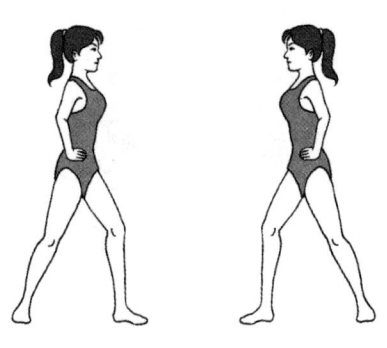

图6-16 转

（3）绕和环绕

腰部做弧线或圆周运动。动作变化包括与手臂动作相结合进行腰部绕和环绕。注意路线清晰、动作圆滑。

3. 髋部动作

（1）顶髋

两腿开立,一腿支撑并伸直,另一腿屈膝内扣,双手叉腰,上体正直,用力顶髋。动作变化有左顶、右顶、后顶、前顶。注意动作要用力且有节奏感（图6-17）。

图6-17 顶髋

（2）提髋

髋向上提。动作变化包括左提、右提。注意髋与腿部协调向上活动。

(3)绕和环绕

髋做弧线或圆周运动。动作变化包括左、右方向绕和环绕动作。注意运动轨迹要圆滑(图6-18)。

图6-18 环绕

(六)下肢动作

1.立

(1)直立、开立

直立时,身体正直,两腿并拢,两脚脚跟相抵,双手叉腰,挺胸抬头。开立时,在此基础上两腿打开,脚间距大于肩宽(图6-19)。

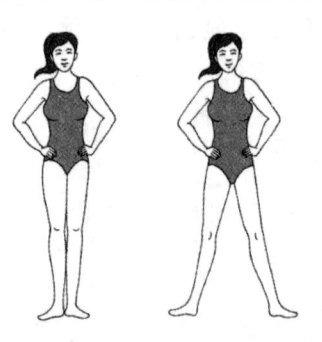

图6-19 直立与开立

(2)点立

先直立,一侧腿伸出做点立或双腿提起做提踵立。动作变化包括侧点立、前点立、后点立、提踵立。注意动作要舒展。

2. 弓步

先直立,然后一腿大步迈出做屈的动作。动作变化包括前弓步、侧弓步、后弓步(图6-20)。

图 6-20　弓步

3. 踢

两腿交替踢腿。动作变化有前踢、侧踢、后踢(图6-21)。注意动作要干净利落。

图 6-21　踢

4. 弹

双腿进行弹动动作。动作变化有正弹腿、侧弹腿(图6-22)。注意动作要有弹性。

健身健美
运动系统性训练理论与方法研究

图 6-22 弹

5. 跳

双手叉腰，身体直立，做各种姿势的跳。动作变化有并腿跳、开并腿跳、踢腿跳（图 6-23）。注意动作要有力度和弹性。

图 6-23 跳

二、健美操基本动作训练要点

（一）手型训练要点

拳、掌是健美操的基本手型，此外还包括剑指、"V"指、响指等其他手型，如果缺乏专门的手型训练，就会导致基础不扎实，做成套动作时手的动作不规范，如并掌时虎口大开、握拳时大拇指不由得伸出来等，从而影响动作的准确性和美感，因此手型训练很重要。

健美操手型练习一般安排在准备活动之后，教练员先讲解示范，然后练习者听教练员口令进行练习。可采用简化口令：拳—并（掌）—开（掌）—花（掌）—剑（指）—响（指）……口令速度逐渐加快，或者将顺序打乱,练习者可以原地练习各种手型,也可以在移动中练习,反复训练,熟练掌握各种规范的手型动作。

(二)手臂动作训练要点

手臂动作训练安排在手型训练之后,熟练掌握各种手型是学习手臂动作的基础。手臂训练很重要,缺乏训练的人往往很难一气呵成地完成手臂动作,或者做手臂动作时因为控制力较弱而做不规范。

手臂动作训练同样可以采用口令练习法,练习者自然站立,听口令练习,如按"侧下—水平—侧上—上举"的口令顺序进行练习,训练时播放音乐伴奏,增加手臂动作的节奏感。

在手臂动作训练中,可以伴随基本手型的各种变化,熟练后也可以结合步伐动作进行训练,如踏步中听口令完成手臂动作,行进中听口令练习等,这样也能巩固手型动作,增加练习的趣味性。

(三)基本步伐训练要点

健美操基本步伐是健美操基本动作训练的重点内容之一,通过这方面的训练,能够促进练习者节奏感的提升和身体协调性的增强。按照人体活动时对地面的冲击力的大小,可以将健美操基本步伐分为下列三种类型,不同类型的步伐有不同的训练要求。

1. 无冲击步伐训练

完成动作时两脚触地的动作即为无冲击步伐,这类基本步伐动作相对简单,经过教练示范后,练习者基本可以掌握。关键是要多练习踝关节的弹动动作。可以不专门训练此类动作,当结合音乐练习时将其作为找点动作或在替换动作过程中将其作为过渡动作,都能达到练习效果。

2. 低冲击步伐训练

一脚着地、一脚离地的动作为低冲击步伐。一般采用叠加法进行训练,每次课专门训练一类低冲击步伐动作,逐个安排,但新的一节课开始前要先复习前一节课练习的步伐,然后再学新的步伐。

3. 高冲击步伐训练

做动作时两脚都离地的动作就是高冲击步伐,简称跳类动作。在掌握低冲击步伐动作的基础上，同样可以采用叠加练习的方法来进行专门的训练，达到巩固提高的效果。

（四）选择有效的训练方法

在健美操基本动作训练中，要根据不同训练内容和训练对象的特点灵活选择与它们相适应的训练方法。下面主要分析健美操基本动作训练的三种有效方法。

1. 单个动作重复训练法

反复多次练习各类单个动作，强化本体感受和正确动力定型，熟练掌握动作的规格，达到标准化要求。但要注意不能像机器一样简单重复练习，而要边练习边思考要注意什么，哪些地方容易出错，如何避免出错，如何在重复练习中增添趣味等问题。

2. 组合动作循环训练法

将一定数量的单个动作组合起来，或将成套动作中的组合动作连接起来，然后重复练习一定数量的组合动作。这种练习方法要求以较快的节奏完成训练，所以比较难。采用这种训练方法时，要根据具体情况来确定组合的数量和循环练习的次数，通过训练促进速度素质的提升、节奏感的增强以及对动作控制力的改善。

3. 组合动作间歇训练法

在组合动作训练中，组与组之间有间歇时间，经过缓冲与休息，心率恢复到一定水平后再开始进行下一组练习，这就是间歇训练法。每次间歇后，下一组的练习内容要比上一组的多，在新的一组练习中，可以添加单个动作，也可以添加组合动作，遵循衡量递增的原则即可。练习强度也可以逐渐递增，直至达到成套动作的强度。

采用这种训练法时，随着训练时间、训练组数的增加，不但能够强化动作的本体感觉，快速形成正确的动力定型，而且能够促进心脏机能的提升，促进抗疲劳能力的增强。

（五）与套路结合进行训练

进行健美操基本动作训练，最终是为了高质量完成成套动作，提升成套动作水平。在健美操比赛中，裁判员评分和排名是以运动员成套动作的完成质量为评判标准的，而运动员对各类基本动作的掌握情况直接影响成套动作的质量，因此说健美操基本动作训练是提升成套动作质量的基础环节，而且在基本动作训练中必须与成套动作相结合，从而使各类基本动作更好地为完成套路动作服务。

要将基本动作与套路动作结合起来进行训练，就要将动作衔接规律掌握好，按照此规律进行基本动作与套路动作的连接练习。健美操成套动作中的若干基本动作是按照动作顺劲的要求连贯衔接的，掌握动作衔接规律便于对成套动作的理解与记忆，从而能够保证成套动作更加自然、连贯、流畅。

基于动作衔接规律的训练方法为，以主要的基本动作为主体，把各类动作与动作的衔接归纳成序，然后根据套路内容选择适当的基本或组合动作进行衔接性练习。常见形式有三种，即动作 A—动作 B；动作 B—动作 C；动作 A—动作 B—动作 C（A、B、C 是基本动作或组合动作）。[1]

第三节　健美操套路训练

一、健美操套路训练方法

（一）分解练习

在健美操套路训练中，先进行分解动作练习，要求保持正确的身体姿态而准确完成每个分解动作，熟悉每个分解动作的动作方法，动作要娴熟、流畅，没有明显停顿。在分解练习中，反复练习不熟练或有难度的基本动作或组合动作，直至完全熟练，能够准确、流畅地完成，从而为表演健美操成套动作打好基础。

---

[1] 李景红，蒋满华. 健美操基本动作的训练与强化[J]. 体育师友，2008(04)：28-30.

（二）完整练习

完整练习就是在音乐伴奏下完整练习一整套操,生动展现成套动作,在练习过程中注意肢体动作的弹动,要有意识地控制动作,将音乐与动作完全融合,提高表现力,完美呈现不同力度、幅度和速度的动作以及优美的造型、姿态。

（三）合作练习

将健美操成套动作熟练掌握后,练习者可以与同伴自由组合进行小组合作练习,在合作中共同商讨对新队形、新动作的创新设计,思考能够将哪些新元素融入成套动作中,小组成员相互交流,积极参与讨论,发挥思维力和想象力,并共同解决练习难题,这有助于培养练习者的合作能力、思考能力和交往能力,同时能强化练习者分析和解决问题的能力。

在小组合作探究练习结束后,教练员引导各小组相互点评,从而更好地提升练习的积极性和表演的自信心。

二、健美操套路动作训练示例

（一）组合一（4×8拍）

1. 第一个八拍

1 左脚向前跑跳步,两臂侧平举。
2 右脚向前跑跳步,两臂头顶击掌。
3～4、5～6、7～8同1～2。

2. 第二个八拍

1～2 右脚向右前方迈一步,重心前移至右脚,同时两臂直臂立掌由下经前至前上举。
3～4 重心后移同时转体90°成侧弓步,两臂侧平举,身体稍右侧屈,两臂与地面成45°角。
5～6 下肢、躯干动作还原成1～2拍,两臂前下方交叉。
7～8 向左转体180°至两腿交叉,屈膝半蹲,两臂后斜下举。

3. 第三个八拍

1～4 左脚向后跑跳步,前后摆臂。

5～6 两脚并拢向上跳,两臂前斜下举,掌心朝上,屈肘2次。

7～8 同5～6拍。

4. 第四个八拍

1 两脚跳起成开立,向右顶髋,手握拳,两臂侧平举。

2 右腿屈膝内扣,顶左髋,手握拳,右臂胸前屈,左臂侧平举。

3 手握拳,右臂经胸前绕至左边与左臂平行。

4 右臂经胸前绕至侧平举还原为动作1。

5 收左腿,两腿屈膝半蹲,右臂屈肘向上成肩上侧屈,左臂屈肘向下成侧屈。

哒 同5,方向相反。

6 右臂向上冲拳,左臂屈肘向下拉。

7～8 同5～6,方向相反。

(二)组合二(4×8拍)

1. 第一个八拍

1～3 左脚向前跑跳步,手臂自然前后摆动。

4 吸右腿,两臂向上举,手心朝下。

5 右脚向右迈一步,同时两臂侧下举。

6 左脚向右后方迈一步,屈膝,两臂屈肘由内向外绕环,打响指,低头。

7 抬头。

8 保持不动。

2. 第二个八拍

1 左脚向左迈一步,两臂向上举。

2 右脚向左后方迈一步,与左脚交叉,两臂落下,手心向外。

3 与1拍相同。

4 右脚收回,脚尖点地,两臂落下,手心向外。

5 右脚右后退步,左脚尖侧点地,右肩经前向后绕环。

6 左脚向右脚并拢,左脚尖点地。

7 左脚后退步,右脚尖侧点地,左臂经前向后绕环。

8 右脚向左脚并拢,右脚尖点地,左臂绕到身体左侧。

3. 第三个八拍

1 右脚退步,两臂置于体侧。

2 左脚退步,胸前击掌。

3 右脚退步,双手握住向上举。

4 左脚退步,两臂下落。

5～6 右脚向左漫步,左腿屈膝后踢,右臂屈肘置于腹前,左臂屈肘置于腰后。

7～8 右脚向右侧弓步,右臂在体侧上举,左臂在体侧下举。

4. 第四个八拍

1～2 左脚向右漫步,右腿屈膝向后踢,双臂屈肘,手指触肩,经前向后绕环。

3～4 左脚向后漫步,双臂经前向后绕环。

5 左脚向左迈一步,左臂前平举立掌,右手叉腰。

6 上体左转180°；手臂经体前至侧平举。

7～8 左腿直立,右腿屈膝侧点地,两臂交叉于胸前。

(三)组合三(4×8拍)

1. 第一个八拍

1～2 右脚向右迈步,两臂在体侧平举。

3 左脚在右脚前方点地,右臂平屈于胸前,左臂侧后举。

4 左腿后摆点地,左臂平屈位于胸前,右臂后下举。

5 180°转体成左弓步,右手握拳向前伸出,左臂握拳放于腰间。

6 右腿向前弹踢腿,左拳前冲,右臂收回,右拳抱腰。

7 右脚退步。

8 左脚退步,两腿交叉屈膝,左臂经内向外绕环至下举。

2. 第二个八拍

1～2 向左恰恰步,右臂平屈放在胸前,左臂侧后举。

3～4 动作同 1～2,方向相反。

5～6 左脚向左迈步成左弓步,两臂经上举至体侧平举。

7～8 左脚收回,右手敬礼。

3. 第三个八拍

1～2 吸右腿,两臂屈肘放在胸前。

3～4 向左转身吸左腿,两臂侧平举。

5～6 右脚向前迈步,右臂体前上屈,拳朝上。

7 左腿向前上方踢,两臂落于体侧。

8 左腿收回,两脚开立。

4. 第四个八拍

1～2 右臂经体侧上举,开掌。

3～4 右臂下举。

5～6 上体左转,右手向左击掌。

7～8 右手握拳,左臂侧下举。

(四)组合四(4×8拍)

1. 第一个八拍

1～2 左脚向左平转一周。

3～4 右脚侧点地,向左转体 90°,右臂平屈于胸前。

5～6 面向左侧,左腿微屈膝,右脚向后平伸,左臂向前平举,右臂后举,保持俯身平衡姿势。

7～8 右腿收回屈膝,右脚点地,两臂落在体前。

2. 第二个八拍

1～2 右手上举,右脚向右迈一步,左脚向右脚并拢,同时身体转动 180°,两腿屈膝,左脚点地,两臂由右到左依次绕成下举。

3～4 位手型,左腿迈向斜前方。

5~6 小猫跳,手臂经1位手至3位手。

7~8 右膝跪地,两臂经上向后绕到体前,手指着地,上体经抬头挺胸至低头含胸。

3. 第二个八拍

1~2 右膝跪地,左脚侧点地,左臂向上举,右臂在体侧平举。

3~4 左腿收回跪地,身体前屈,两肘弯曲撑地,低头。

5~6 身体向左翻转180°,两腿依次打开,两手向左依次撑地。

7~8 左腿屈膝,左臀坐地,右腿屈膝点地,左臂屈肘撑地,右臂伸直置于右膝上。

4. 第四个八拍

1~2 右腿向左侧踢腿,左臂屈肘撑地,右臂在体前用手掌撑地。

3~4 直腿坐,双手在身体两侧稍偏后撑地。

5~6 身体向后转成左弓步,右臂伸直用手撑地。

7~8 还原为基本站立姿势。

(五)组合五(4×8拍)

1. 第一个八拍

1~2 右脚向右一步,两腿屈膝,双手握拳,双臂平屈于胸前,屈肘2次。

3 手掌平伸,左脚向左一步。

4 两臂高举在头顶击掌。

5 右脚向左前迈一步与左腿交叉。

6 转体一周。

7 右腿向右成右弓步,右臂侧平举。

8 右臂收回在肩上侧屈。

2. 第二个八拍

1~2 左脚向右漫步,右臂屈肘置于头后,左臂在腹前屈肘。

3 左脚退步,右脚向后踢,双臂平屈位于胸前。

4 右脚落地,左脚向后踢,双臂向外绕到体侧。

5 左脚向前迈步,两臂在体侧平举。
6 右脚向左脚并拢,两腿屈膝,手臂体前交叉。
7～8 屈腿跳,左臂在左侧平举,右臂向上举。

3. 第三个八拍

1～2 左腿向左迈步,两腿屈膝,双臂屈肘位于胸前,屈肘2次。
3 右脚向右迈步,同时身体转180°,两臂落于体侧。
4 左脚向右脚并拢,脚尖点地,两臂胸前平屈交叉。
5～6 两脚交替滚动步(右脚开始)。
7～8 左脚向前迈步,双手侧下举。

4. 第四个八拍

1～3 右脚向右后方退3步,右臂上举经体前绕至体侧。
4 左脚向右脚并拢,脚尖点地。
5 左腿向左迈步,身体左转,左臂在体前压掌。
6 左臂绕到体侧。
7 右臂向上举。
8 两腿屈膝,右腿向前,左腿向左,左臂落在体侧,右臂平屈于胸前。

(六)组合六(4×8拍)

1. 第一个八拍

1 左脚向左迈步,左臂向上举。
2 右脚并向左脚,左手侧下举打响指。
3 同1。
4 同2。
5～6 向左前吸右腿。
7 右脚退步。
哒 左脚退步。
8 右脚向前成右弓步。

2. 第二个八拍

1 左脚向前迈步,右脚向左脚并拢,脚尖点地,双臂体侧上屈,手指触肩。

  2 动作同1，方向相反。

  3 左脚向前迈步，右脚向左脚并拢，脚尖点地，两臂经上举至前举，手心向前。

  4 右脚向前迈步，左脚向右脚并拢，脚尖点地，两臂落于体侧。

  5～8 向左小马跳转体一周，左臂和右臂分别侧下举和侧上举。

  3. 第三个八拍

  1～2 左脚向左迈步，双臂从侧平举经体前交叉向上高举。

  3～4 左脚向右后方退步，双手胸前平屈交叉，头向右偏。

  5～6 右腿向右迈步，双臂从侧平举经上绕至体前交叉。

  7～8 右脚向左后方退步，左臂侧平举，右臂上举。

  4. 第四个八拍

  1 右腿收回，两臂屈肘握拳交叉于胸前。

  2 吸左腿，两臂侧下举。

  3～4 动作同1～2，方向相反。

  5 两腿成交叉步（右腿在前），两臂在体侧平举。

  6 向左转体一周，两臂落在体侧。

  7～8 两脚起跳，落地后开立，向右顶髋，右手叉腰，左臂上举。

第七章

健身健美运动之瑜伽系统训练

瑜伽属于一项健身健美效果出众的运动，风靡于当今世界，参加瑜伽练习，既能增强体质，又能完善人的形体，增进彼此间的社会交流，因此深受社会各类人群的欢迎和喜爱。为保证瑜伽训练的效果和质量，本章重点阐述瑜伽系统训练的方法。

第一节　瑜伽概述

据历史记载，瑜伽起源于古印度，距今已有五千多年的历史，是古代印度哲学弥漫差等六大派之一。有考古学家在印度河流域发掘到一件保存完好的陶器，其上描画了瑜伽人物做冥想时的形态。这件陶器距今至少已有五千年历史，因而可以推断瑜伽的历史可以追溯到更久远的年代。

实际上，关于瑜伽的起源众说纷纭。据可查的考古研究表明，在公元前3000年以前，在人类文化历史上便出现了瑜伽的雏形。一般认为瑜伽发源于印度北部的喜马拉雅山麓地带。那时，古印度瑜伽修行者在大自然中修炼身心，无意之间发现各种动物与植物天生具有治疗、放松、睡眠或保持清醒的方法，他们在患病时能不经任何治疗而自然痊愈。于是古印度瑜伽修行者就对动物的姿势进行观察、模仿并亲自体验，创立出一套有益身心的锻炼系统，这套系统也就是今天说的体位法。历经了五千多年的锤炼，这些瑜伽姿势迅速发展，对帮助人们增强体质，完善心理起到了极为重要的作用。

公元前500年，伴随着农耕文化的兴起与发展，印度阿里西人在祭祀时曾用多种方法统一和集中精神，这有可能是瑜伽的开始。在古代，由于瑜伽技术是保密的，所以没有记载下来或者是公开的内容给公众观看，而是宗教领袖或瑜伽老师以口述的方式代代相传下来流传至今的，这也使得瑜伽这一运动颇具神秘性。

伴随着佛教传入中国，"瑜伽"也开始在中国唐朝时期出现。瑜伽行派出现在印度大乘佛教时期的中后期，这一时期唐玄奘正好前往印度。其归国后创建了唯识宗，其理论思想根基主要来源于印度瑜伽行派。中唐以后，瑜伽一词多见于佛教著论中。中国佛教禅观、天台宗的"六妙法门"、法相唯识宗的止观，都是对瑜伽静坐冥想的变通说法。另外，有学者考证，南北朝时期传入中国的《易筋经》、流行于唐朝的《天竺按摩法》，以及宋代的《婆罗门导引法》等，介绍的都是从印度传入我国的瑜伽。这是瑜伽传入中国的开端,伴随着时间的推移,瑜伽在中国的影响力开始逐步扩大。

发展到现代社会,瑜伽在中国的推广与发展还要得益于1985年中央电视台连播的张蕙兰瑜伽术教学片,这是很多人认识瑜伽的开始。通过中央电视台,张蕙兰将瑜伽带入中国,瑜伽从此也走入了中国的千家万户,并深受现代人的喜爱。目前,国内的瑜伽取向大都丢弃了印度古典瑜伽中深层次的宗教哲学理念,取其具有修心健身功能的一面,成为人们休闲健身、缓解身心疲劳、陶冶情操的重要手段。

发展到现在,瑜伽已不仅仅是一种休闲健身的运动,更成为一种生活方式,在人们日常工作和生活中扮演着越来越重要的角色。

第二节 瑜伽的基本动作与体位学练

瑜伽有着良好的健身健美功效,深受女性群体的青睐,本节重点讲解瑜伽的基本坐姿与体位习练方法,为瑜伽爱好者提供一定的动作方法指导。

一、瑜伽坐姿

(一)简易坐(图7-1)

坐在地上,两腿伸直。右腿弯曲,把右脚放在左大腿下;左腿弯曲,把左脚放在右大腿下。两手放在两膝上。头、颈、躯干保持在一条直线上。

图 7-1 简易坐

（二）雷电坐（图 7-2）

两膝跪地，两膝并拢。两脚脚背平放在地面上；两脚跟分开，两个大脚趾互相交叉，臀部坐在两脚内侧上。头、颈、躯干保持在一条直线上。

图 7-2 雷电坐

（三）莲花坐（图 7-3）

坐在地上，两腿伸直。左腿弯曲，左脚放在右大腿根部，足底朝天；右腿弯曲，右脚放在左大腿根部，脚底朝天；脊柱保持伸直，两膝尽可能贴地。两手放在两膝上。头、颈、躯干保持在一条直线上。

图 7-3 莲花坐

（四）至善坐（图 7-4）

坐在地上，两腿伸直。右腿弯曲，脚跟顶住会阴部，右脚底靠紧左大腿内侧；左腿弯曲，左脚放在右脚踝上，脚跟上下对齐，左脚跟靠近耻骨，左脚趾插入右腿的大腿与小腿之间。两手放在两膝上。头、颈、躯干保持在一条直线上。

图 7-4　至善坐

（五）吉祥坐（图 7-5）

直腿并腿坐。弯曲左小腿，左脚板顶住右大腿；弯曲右小腿，右脚放在左大腿和左小腿腿肚之间；两脚的脚趾应该楔入另一腿的大腿和小腿腿肚之间。两手合十置于胸前。头、颈、躯干保持在一条直线上。

图 7-5　吉祥坐

二、瑜伽体式

瑜伽体式有很多种，下面简单讲解其中几种瑜伽爱好者常练习的体式动作方法。

（一）船式（图7-6）

①呈仰卧姿势，双脚并拢，两臂平放在身体两侧。

②吸气，并将上身、双脚与两臂向上抬起，以脊椎骨作为支点臀部着地，使身体保持平衡。

③锁紧脚跟，双脚以45°角撑展蹬直，躯干与双脚形成"V"形。两手向前伸直，并指向脚尖方向。挺直腰背和胸膛，双脚并拢夹紧。屏息保持该姿势5秒钟。

④吐气，慢慢将身体平放回地面，调整呼吸，全身放松。

图7-6 船式

（二）顶峰式（图7-7）

①跪下，臀部放在两脚脚跟上，脊柱挺直。

②两手放在地上，抬高臀部，两手、两膝着地跪下来。

③吸气，伸直两腿，将臀部升得更高。

④双臂和背部应形成一条直线，头部应处于两臂之间。整个身体应像一个三角形的样子。

⑤将脚跟放在地面上。脚跟不能停留在地面上，应该让脚跟上下蹦弹来帮助伸展腿腱。

⑥正常呼吸，保持这个姿势约1分钟。

⑦呼气，恢复两手、两膝着地的跪姿。

⑧重复6次。

图 7-7　顶峰式

(三) 骆驼式(图 7-8)

①开始时,跪在地上,两大腿与双脚略分开。脚趾向后方指。
②吸气,两手放在两髋部,轻轻将脊柱向后弯曲,伸展大腿的肌肉。
③然后在呼气的同时把双掌放在脚底之上。保持两大腿垂直于地面,将头向后仰,用双掌压住两脚底,借此轻轻将脊柱向大腿方向推。
④一边保持此式,一边把颈项向后方伸展,收缩臀部的肌肉,伸展下脊柱区域。
⑤保持 30 秒钟,然后将两手放回双髋部位,慢慢恢复预备势。
⑥坐下来休息。

图 7-8　骆驼式

(四) 叩首式(图 7-9)

①跪坐,臀部放在两脚脚跟上,两手放在两大腿上,脊柱伸直。
②两手滑动到小腿腿肚包那里,抓着腿肚包。

③呼气,上身向前弯曲,把前额放在地板上。
④抬起臀部,让头顶落地,两腿垂直于地面。
⑤正常地呼吸,保持约 10～15 秒钟。
⑥恢复到原来的跪坐姿势。
⑦重复 10 次。

图 7-9　叩首式

(五)花环式(图 7-10)

①挺身直立,两脚靠拢,蹲下。两脚应平放在地面上。
②把臀部升离地面,伸出两臂去帮助身体获得平衡。
③一边保持两脚并拢,一边分开两腿,上身躯干向前倾。
④把两个胳肢窝展开盖住两膝内侧,两手抓住两脚踝的后部,把头垂下放在地上。
⑤正常地呼吸,保持这个姿势约 20 秒钟。
⑥吸气,抬头,两手放开两脚踝,休息。

图 7-10　花环式

(六)鱼戏式(图 7-11)

①俯卧,双手掌心向下,十指交叉放在额下。
②将右肘推送到头顶上,肘尖向上,向左侧过脸来,这时,头枕在右

上臂和右肘间。

③身体微向左转,屈左膝,将左膝提向胸前,右腿自然伸直,左前臂放在左膝上。此时,右耳是按压在右上臂上的。

图7-11 鱼戏式

(七)拨云式(图7-12)

①可以采取山立功或者任何喜欢的姿势开始。

②吸气时掌心向下,双肩伸直外展,至两手在脑后部相触时再尽力地向上伸展。

③将左手向前、向右推送,并翻转双手使双手掌心相对合拢。将两上臂尽量地放在耳朵的后面,手指向上伸展。停留4~6秒。

④打开双手,回到掌背相对姿势。双肩内收,自体侧放下手臂,回到山立功。交换体位进行练习。吸气,双臂高举过头,上臂置于耳后,右手在前,左手在后,双掌反向合十,稍停留。呼气时双臂回到身体两侧,山立,或者恢复到任何的瑜伽坐姿。注意动作同呼吸的配合。

图7-12 拨云式

第三节　亲子瑜伽训练

一、促进儿童成长的亲子瑜伽

（一）半月式

①儿童和家长临肩站立,双手胸前食指合十,其余手指交扣。
②吸气,食指引领手臂向上伸展,拉伸脊椎,收紧腰腹臀部肌肉。
③呼气,双臂夹紧双耳引领身体向右侧弯腰坚持3～5个呼吸时长,身体尽量保持在一个平面上。
④吸气,回正直立站姿;呼气,反方向练习。

（二）木马式

①俯卧,下巴点地,向后弯曲双膝,双手抓住双脚脚踝。
②吸气,双腿用力带动上体向上抬起,成弓式。
③呼气,在弓式的基础上下压胸部,身体向前、向下贴向地面。
④试着前后摇摆起来,用力点在胸部及双膝。

（三）铲斗式

①在布娃娃式的基础上,可以继续练习此式;可以双腿分开略超过肩宽。
②两人双手成铲斗状,家长从分开的双腿间拖住儿童的手。
③家长拖着儿童的手前后伸展脊椎,模仿铲土机。

（四）青蛙式

①两人面对面站立,双手相握,两脚左右分开,与肩同宽。
②吸气,家长抓住儿童的大臂,儿童同样抓住家长的手臂。
③呼气,屈膝下蹲,双膝尽量向两侧打开,腰背部保持伸展。
④学青蛙的眼睛,睁得大大的,左右摆摆头,看看美丽的世界。

二、提升儿童气质的亲子瑜伽

（一）拖拖式

①家长和儿童两人背靠背，呈坐姿，双腿双脚伸直并拢。
②吸气，双臂竖直上举，伸展四肢及躯干。
③呼气，家长双手抓住儿童的双手，一起向前、向下弯曲，使儿童在家长的背部上方完全伸展全身。
④吸气，回正，可以换向儿童的方向，家长轻轻后压。

（二）全蝙蝠

①家长双腿、双脚左右分开到极限坐立，儿童在家长前方做同样的姿势。
②吸气，双臂竖直上举，尽量拉伸脊背，充分伸展背肌。
③呼气，家长注意控制力度，引领儿童向前、向下扶地，试着胸腹部完全贴向地面。

（三）幻椅式

①两人面对面距离一臂远，站姿调息。
②吸气，双臂竖直上举，腰背挺直。
③双手互握，或家长将双手搭放在儿童的肩上。
④呼气，弯曲双膝，臀部下坐，尽量使大小腿垂直。

（四）骆驼式

①两人背对背跪立，双腿左右分开与肩同宽。
②吸气，双臂竖直上举，伸展背部肌肉群。
③呼气，双手抓双脚，头、胸、腰部自然后仰，髋部前送，大腿垂直于地面。

第四节　办公室瑜伽训练

一、放松身心的瑜伽姿势

（一）椅上压头式

①坐于椅子前面2/3处，调整坐姿，保持脊椎直立，调匀呼吸。
②吸气，抬右手扶住头部一侧；呼气，头部向右侧伸展，左肩放松，保持一次自然呼吸。
③再吸气，头部复原，换左手抬起重复动作。左右手位置互换进行相同动作的对侧练习3～5次。

（二）放松肩臂式

①站立，两臂从两侧伸直，与肩同高。
②屈双肘，双手指尖搭放在肩头。吸气，向后、向上打开双肩；呼气，含胸低头，肘尖相对。
③吸气，仰头，双肘向上抬起，并尽量让手臂在颈后相触。

（三）腕部弯转式

①坐在椅子上，腰背挺直，双腿并拢，双手自然下垂，全身放松。
②向前提起双臂，与肩平行，同时双脚抬起，与地面平行。吸气，并向上弯曲手腕，手指伸直，指尖向上，感觉手掌前方有一堵无形的墙。
③呼气，保持手臂姿势不变，手掌伸展，然后向下弯曲手腕，指尖向下。如此重复指尖向上、向下的动作8～10次。

（四）缓解背痛式

①身体站位，双脚分开，与肩同宽，脚尖向前。
②慢慢地向前压低上身，伸直双臂，在身后十指紧扣，然后双臂向后上方尽力伸展，自然呼吸5秒钟。吸气，还原，身体站直，重复动作5～8次。

（五）扭转腰腹部

①休息时，起身站在办公桌旁，双腿并拢，挺胸收腹，双手举过头顶交叉，掌心向上。

②吸气，转体，静止15～30秒，自然呼吸，然后还原，呼气。再吸气，向另一方向转体。左右各做4次。

（六）全身伸展式

①身体直立，双腿并拢，双手合掌置于胸前，做深呼吸。

②吸气，双手向前伸展，臀肌夹紧，然后上身缓缓后仰，吐气。身体缓缓直立、恢复站立姿势。

二、轻松减压的瑜伽姿势

（一）平静情绪，消除脑疲劳

1. 呼吸冥想

呼吸冥想是最基本的放松方式，可以放松、减压、能够使人再度精神饱满地投入到工作当中。

①背部伸直，坐在椅子1/3处，双臂自然放于两腿上，闭上或半闭双眼，全身放松。

②缓缓吸气，停留12秒，然后用力呼出，重复几次，并努力让内心平静下来。

2. 鸟王式

鸟王式可以增加头部新鲜血流量，为大脑增氧，放松内脏各器官，增强身体平衡力。

①身体直立，双脚并拢。

②伸出双手，与肩同高，屈双腿，将右腿后侧贴于左腿前侧，右小腿胫骨贴于左小腿肚，右脚大脚趾勾在左脚踝上方，且让左腿微屈膝，保持平衡。

③屈双臂，掌心相对，右手肘弯托住左手肘尖，然后双臂缠绕，手掌相叠。恢复原位，重复另一侧，反复进行3～5次。

3. 双角式

双角式可以为大脑带来丰富的供血,令头皮得到充分按摩,增强记忆力。

①身体直立,双脚并拢,双手自然下垂于身体两侧,保持均匀呼吸。

②两脚分开,宽约一腿长度。

③双手转到背后,并十指交叉,握拳,双肩向后用力打开。吸气,脊柱挺直。

④呼气,以髋关节为折点,上身缓缓向前、向下伸展,手臂缓缓上抬;下半身与地面保持垂直,上身则与地面保持平行。

⑤保持姿势不变,自然呼吸,并使手臂尽量上抬。完成后,还原站立姿势,并呼气放松。

(二)放松身心,消除压力

1. 手印觉醒式

手印觉醒式可以消除不安情绪,缓解烦躁。

①坐于椅子上,伸直脊背。

②深吸气,收紧肛门,屈肘,抬起双手于面部,双手拇指分别按住左右耳孔,食指分别按在左右上眼皮上,中指分别按住左右两个鼻孔,无名指按住上嘴唇,小指按住下嘴唇。

③将脸部所有孔都堵好后,屏住呼吸,并慢慢增加停气时间,从而刺激神经。

2. 直角式

直角式可以增强腰背部的力量,减轻因久坐或长时间工作带来的疲劳感。

①身体自然站立,两腿并拢,腰背挺直。

②吸气,同时上身微微前倾,手臂从体侧举过头顶,两手相握。呼气,上臂及上身向下弯曲,与地面尽量保持平行,重心放于脚掌上,双腿与地面保持垂直,目视前方。此姿势保持3~5个呼吸。缓缓直立上身,挺直腰背,双手自然垂直于身体两侧。呼气,放松。

（三）安定神经，提高睡眠质量

1. 敬礼式

敬礼式可以改进身体的平衡感，使颈部前后及脊柱得到伸展，放松全身及大脑的神经，改善失眠。

①身体直立，双脚分开，与肩同宽；双手合掌放于胸前。

②深吸气，呼气时完全下蹲。

③再吸气，脚不动，双手保持合掌姿势，并以手肘撑开膝盖内侧，同时抬起头部，向后伸展脖子前侧，目光向上看。

④呼气，缓缓低头向下，并拢膝盖，双手合掌不分开，再将手臂尽量向前伸展，臀部保持向下，不要抬起，伸展整个手臂和脊柱。

⑤重复②③的动作 5～8 次。

⑥动作完成后，吸气，回到双肘向两侧撑双膝、抬头的位置，然后呼气，头回正中，平视前方。再次吸气，慢慢站起身体，双脚内八字收拢；呼气，手臂打开回到体侧。

2. 蝗虫式

蝗虫式有助于缓解紧张、焦虑、抑郁等不良情绪，可以有效改善失眠症状。

蝗虫式的动作方法如下。

①俯卧，下巴顶在地面上以支撑头部，双脚并拢，双臂贴于体侧且自然向后伸展，双手掌心向上。两腿并拢，稍抬臀部，双手在身体两侧握拳，保持下巴姿势不变，自然均匀地呼吸。

②腰部、背部和双腿同时用力，下巴触地但不要太用力，双腿尽量抬高。保持姿势 3～5 秒。

③缓缓放下双腿、调整呼吸，抬高下巴，然后收紧腰部、背部肌肉，将上半身抬起，双手放于身体两侧，挺起上半身。

④保持头部、上半身和手臂姿势不变，再次抬高双腿，保持颈部、肩部、手臂、背部和腰部肌肉的紧张状态，并尽量长时间地保持这一姿势。缓缓放平身体，恢复到起始状态，放松，调整呼吸。

第八章

健身健美运动之其他项目系统训练

　　健身健美运动种类多样，内容丰富，除了常见的健身操、健美操和瑜伽项目外，还有很多时尚流行的形体运动，如普拉提、街舞、肚皮舞、广场舞等，长期系统地参与这些运动项目的科学训练活动，能够达到良好的健身美体效果，有效增强体质，调节心理，愉悦身心，陶冶情操，塑造健美形体和优雅气质，并提升审美能力。本章着重对这几个健身健美运动项目的训练方法展开研究。

第一节 普拉提训练

普拉提是一种健身健美运动,是一种时尚流行的运动方式,它的名称来源于它的创始人——约瑟夫·休伯特斯·普拉提(Joseph Hubertus Pilates)的姓氏。普拉提运动能够使人体深层小肌群得到锻炼,能够对人体外在活动姿势进行改善。人们通过普拉提训练能够有针对性地改善手臂、肩部、胸部、腰部等各个部位的形态与机能,最终达到促进全身协调、平衡以及整体健康水平提升的效果。普拉提动作平缓,简单易学,对场地、器材没有太高要求,再加上强大的健身健美功能和时尚流行的现代特色,因而受到广大人民群众的喜爱。

一、普拉提基本动作训练

(一)腿姿

自然站立,两腿并拢,大腿内侧紧贴在一起,大腿以根部为轴分别向两侧外旋,两腿小腿肌肉轻触,两脚脚尖分别指向11点位置和1点位置(时钟位置),两脚之间成"V"形。

(二)站姿热身

背靠墙站立,背部充分伸展,使头部后侧、腰背和手臂与墙面紧紧相贴,扩胸,收腹,肩放松下沉,下肢动作同腿姿,脚跟与墙间隔适宜距离。低头,下颌触碰锁骨,自然呼吸,还原。重复5次左右。

(三)身体控制

跪在垫子上,向前俯身,两臂屈肘撑地,两腿充分后伸以脚尖着地,腿、躯干和头保持在一条直线上,身体稳定不晃动,控制10秒,还原基本跪姿。反复练习。

（四）单腿划圈

在垫上仰卧，双臂置于身体两侧，一条腿充分伸直上举，另一条腿平放在地上，收腹，腰背部与地面紧贴着，上举腿顺时针绕圈，与呼吸协调配合，不要憋气，绕 10～12 圈后再逆时针绕圈，绕 10～12 圈后还原，换另一侧腿练习。两腿交替反复练习。

（五）婴孩式跪姿

臀部向脚跟方向缓慢靠近，上体向前俯身，额部轻触垫，双臂屈肘放在头两侧，身体保持放松。这是一种安全有效的放松动作，当做完不同身体部位的专门性肌肉训练之后，可以采用这一放松动作来减缓肌肉的紧张和腰背的疲劳。

二、普拉提组合动作训练

（一）仰卧点地

如图 8-1 所示：
①仰卧，两腿抬高，屈髋、屈膝各 90°，小腿与地面平行。
②吸气，保持膝关节角度不变，一侧腿慢慢下放直至脚尖轻点地。
③呼气，先收腹，引领腿部收回原位。换另一侧腿练习。

图 8-1　仰卧点地

（二）双腿向上

如图 8-2 所示：
①仰卧，两手手掌交叠放在头后，头部和上体抬离垫子，双腿并拢向上伸展，稍外旋。
②吸气，收腹，两腿慢慢放低，在背部不离地的前提下尽量放低。

③呼气,继续收腹,带动两腿还原。反复练习。

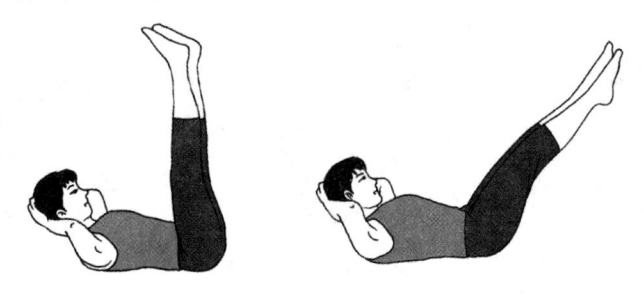

图 8-2　双腿向上

(三) 肩桥上挺

如图 8-3 所示:
①仰卧,屈膝,脚平放在地上,两臂在体侧放平,保持脊柱中立位。
②呼气,脊椎挺直上提,后背离地。
③吸气,脊柱有控制地慢慢下放。

图 8-3　肩桥上挺

(四) V 形滚动

如图 8-4 所示:
①坐姿,屈膝,双手握住小腿靠近脚踝处,膝盖外展,两脚并拢。身体稍向后仰,屈曲团身,脚离地,在坐骨和尾骨中间寻找平衡。
②膝盖伸直,双腿分开,身体呈"V"形,挺胸直背,保持平衡。
③吸气,收缩腹部,屈背团身,两腿呈"V"形打开,身体往后滚动。
④呼气,向前滚动回到"V"形坐姿的平衡点。反复练习。

图 8-4　V 形滚动

（五）蛙泳式

如图 8-5 所示：
①俯卧,双手屈肘放在头两侧。
②呼气,手臂向前延伸,不要耸肩。
③吸气,两手打开,手心向后,像游蛙泳时推水一样,同时头和肩膀抬高,体会脊椎中轴延长。
④肘关节先弯曲收拢,呼气时,手臂再向前延伸,头部和身体向前延长放低。重复(3)和(4)动作,结束后回到俯卧位。

图 8-5　蛙泳式

（六）俯卧收腿

如图 8-6 所示：
①俯卧,屈肘支撑,上臂垂直于地面,肘关节在肩的正下方。前臂压垫,沉肩,头和躯干上抬。
②运用鼻式呼吸方法吸气,右腿屈膝提起,脚后跟快速踢臀两次。然后换左腿屈膝踢臀两次,呼气,反复练习。

图 8-6　俯卧收腿

（七）侧卧下腿上提

如图 8-7 所示：

①侧卧屈髋，头枕在伸直的下侧手臂上，双腿向前与身体约成 30°角上下交叠。上侧腿屈膝将脚放在下侧腿前面，用上侧手抓上侧腿脚踝。

②呼气时，下侧腿上抬，吸气时，腿有控制地下放还原，不要完全落地。反复练习。

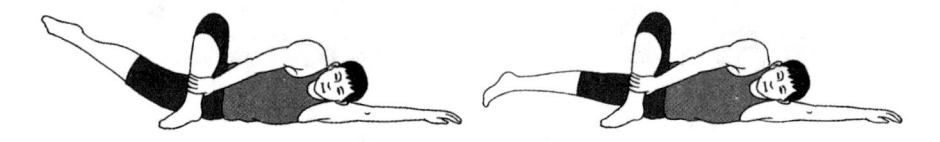

图 8-7　侧卧下腿上提

（八）侧卧下腿画圈

如图 8-8 所示：

①侧卧屈髋，头枕在伸直的下侧手臂上，双腿向前与身体约成 30°角上下交叠。上侧腿屈膝将脚放在下侧腿前面，用上侧手抓上侧腿脚踝。

②下侧腿稍离地抬起后开始画圈。吸气时，向前向上画半圈。呼气时，向后向下画半圈。

③换方向重复画圈。

图 8-8　侧卧下腿画圈

（九）侧卧曲分腿

如图 8-9 所示：

①侧卧，头枕在伸展的下侧手臂上，另一侧手放在胸腹前侧垫上，双腿并拢屈膝。

②吸气，保持骨盆稳定，上侧腿膝盖向上打开。

③呼气，上侧腿有控制地还原。两侧交替反复练习。

图 8-9　侧卧曲分腿

（十）海豹式

如图 8-10 所示：

①坐在垫上，屈膝拉近身体，两脚足底相对内缘靠近，膝关节打开，双手由内向外环握脚踝。在坐骨和尾骨间找到平衡，两脚离地，下巴靠近胸前，腹部内收，背部略成弧形，视线向内。

②吸气，滚到肩胛骨上部，找到平衡点，同时两脚快速拍击 3 次。

③呼气，两脚再迅速拍击 3 次，往回滚到开始位置。然后两脚并在一起，保持平衡位置，稍停留控制。反复练习。

图 8-10　海豹式

第二节 街舞训练

街舞是一项融舞蹈、音乐、时装于一体的现代时尚休闲运动项目。这种舞蹈源于街头,对场地和表现形式没有限制,参与性和表演性非常强,因而形成了广泛的普及性,成为各大高校、城市街头广场、健身中心的重要活动项目之一。街舞运动强度适中,动作难度可大可小,健身价值、娱乐价值和观赏价值突出,又与潮流文化紧密联系,所以深受年轻人喜爱。追求时尚的年轻人参与街舞运动,能够强身健体,张扬个性,展现个人魅力。下面主要对街舞基本动作、技巧动作和组合动作训练进行分析。

一、街舞基础动作训练

(一)上肢动作

1. 举

结合身体的上下律动起伏,手臂抬起并固定在某一方位上,如前举、侧举、后举等。

2. 摆动

在某一平面内,由某一部位匀速运动到另一部位,如手臂以肩关节或肘关节为轴摆动。

3. 振

手臂加速摆动,有臂上后振、臂侧后振等。

4. 绕和绕环

手臂从上举或侧举、前举和下垂姿势开始,向前、后、左、右、内、外等不同方向绕和绕环。

（二）下肢动作

1. 交叉步

一只脚向体侧迈一步,另一只脚在其后交叉,随后再向体侧迈一步。重心跟随步伐移动,动作连接要快。

2. 弹动

膝关节有弹性地屈伸,踝关节有弹性地缓冲,身体放松。

3. 点地

踝关节有弹性地屈伸,用脚尖触地。点地时主力腿屈膝,另一条腿伸直。

4. 弹踢

左脚抬起,快速弹向前方、侧方或后方并落地;改变支撑腿,重复练习。

（三）躯干动作

1. 胸部动作

肩胛骨外展、收缩,胸部随之向前挺起、内收。挺胸时,上体不动,胸部像吸满气,向前挺起;内收时含胸、收肩。

2. 腰部动作

脊柱弯曲,身体核心部位(腰腹部)沿垂直轴向前、后、左、右方向大幅度扭转,动作连贯有弹性。

3. 髋部动作

骨盆向前、后、侧方向顶髋、提髋、摆髋。顶髋时结合手臂动作和步伐移动;提髋时快速向上用力,动作协调;摆髋时髋部保持水平位。

4.身体波浪

头部、肩部、髋部依次向体侧移动,再依次还原,形成波浪。

二、街舞基本技巧动作训练

街舞运动极具技巧性,花样动作颇多,下面仅分析几种常见花样技巧动作的训练方法。

(一)侧屈体单臂支撑

动作方法:
①站姿,上体有控制地向前倒,用手掌撑地。
②一侧腿屈膝,另一侧腿向后上方举起至垂直于地面。
③蹬地腿向后上方举起,成倒立姿势。
④推右手,右腿伸展侧落,左腿向后屈膝,身体右侧屈,重心转移到左臂。

练习这一技巧动作时,先靠墙练习倒立,然后由同伴辅助进行单臂支撑分腿倒立练习。

(二)手倒立

动作方法:
①自然站立,两臂体前平举,上体有控制地向前倒地,手掌着地,含胸、顶肩。
②一侧腿向上摆动举起至垂直于地面,另一侧腿也上摆至与先摆动的腿平行,成倒立姿势,两手支撑重心。

练习这一技巧动作时,先靠墙练习倒立,然后在同伴的帮助下进行倒立行走练习。

(三)单腿全旋

动作方法:
①蹲姿,双手在体前撑地,左腿屈膝全蹲,右腿侧伸。
②右腿沿地面顺时针绕动,同时上体以两手为支撑向两侧移动。
③右腿绕到手的位置时,手离地待右腿绕过再撑地。

④右腿绕到左脚时,左脚蹬地腾空,臀部稍向上提,待右腿绕到右侧时,左腿再落地还原。

注意在练习过程中,上体重心随着绕腿而灵活移动。

(四)风车

动作方法:

①分腿俯撑,左手在体侧撑地,左肘内夹贴腰,右手在体前撑地。

②左脚抬起,用力向右斜下方摆动,左手推手,身体倒向左侧,从手臂到背部依次触地,稍抬腰,两腿依次摆动,身体在摆腿的带动下转成俯卧姿势。

③双手迅速贴地支持重心,使身体还原为准备姿势。

重复多次练习,注意转动风车时两腿要分开较大距离;转动时尽量避免两脚触地。

三、街舞组合动作训练示例(4×8拍)

(一)第一个八拍

如图8-11所示。

1. 步伐

1~2拍:右脚尖重复点地两次。

3拍:右脚朝前方迈一步。

4拍:左脚向前迈一步,左右脚并立。

5拍:右脚侧点地,重心移至左脚。

6拍:右脚收回,左脚侧点地。

7拍:同5拍。

8拍:右脚收回成基本并立姿势。

2. 手臂

1~2拍:右手打2次侧响指。

3拍:微屈两臂同时上举。

4拍:双臂放下再上举。

5~7拍:双臂稍屈置于身体两侧。

8拍：双臂向斜上方举起。

3. 手型

1～2拍：响指。
3～7拍：双手放松成半握拳。
8拍：伸出双手食指。

4. 面向

1～4拍：1点。
5、7拍：8点。
6拍：2点。
8拍：1点。

1, 2

3

4, 8

5, 7

图8-11　第一个八拍

(二)第二个八拍

如图 8-12 所示。

1. 步伐

1 拍：两脚开立,屈膝半蹲,右肩侧顶。
2 拍：与 1 拍动作相同,方向相反。
3 拍：胸在肩的带动下顺时针绕环。
4 拍：抬起左脚。
5 拍：左脚脚跟点地。
6 拍：左脚收回,右脚脚跟点地。
7 拍：180° 转身。
8 拍：双肘抬起。

2. 手臂

1～7 拍：双臂自然垂于体侧。
8 拍：两臂抬起到腰间部位。

3. 手型

1～7 拍：双手放松。
8 拍：握拳。

4. 面向

1～3 拍：1 点。
4～6 拍：3 点。
7～8 拍：7 点。

图 8-12　第二个八拍

（三）第三个八拍

如图 8-13 所示。

1. 步伐

1～2 拍：下肢固定，转动上体。
3 拍：右脚向前迈一步。
4 拍：左脚向前迈一步，与右脚成并步。
5 拍：左脚向后撤步。
6 拍：180°转体。
7 拍：右脚向后撤一步。
8 拍：180°转体。

2. 手臂

1～2 拍：肘部向侧方向上抬两次。

3拍：稍微伸出左臂。

4～8拍：两臂在体侧自然摆动。

3. 手型

双手放松或半握拳。

4. 面向

1～5拍：1点。

6～7拍：5点。

8拍：1点。

图 8-13　第三个八拍

(四) 第四个八拍

如图 8-14 所示。

1. 步伐

1拍：右脚跟前点。

2拍：左脚跟前点。

3拍：右脚向前半步迈出。

4拍：双脚脚跟向前转动后收回。

5拍：右脚向后迈一步。

6拍：左脚向后迈一步。

7拍：跳跃换脚。

8拍：左脚向前，两脚并立。

2. 手臂

1～3拍：手臂自然放松。

4拍：肘部前抬然后收回。

5～6拍：手臂自然放松。

7拍：右臂由后向前抡。

8拍：两臂保持自然放松状态。

3. 手型

双手自然放松。

4. 面向

面向1点。

1 2 3,4

图 8-14　第四个八拍

第三节　肚皮舞训练

肚皮舞产生于中东地区,是具有阿拉伯风情的一种现代流行舞蹈,从兴起到发展至今,以神秘著称。跳肚皮舞时,节奏变化快,腹部和臀部随音乐节奏摆动,呈现出变化多样、赏心悦目、风情万种的舞姿,这是肚皮舞的主要特色。肚皮舞的主要舞动部位是腹部、胸部和骨盆,其动作结构、特征与女性的身体结构特点高度相符,对改善女性体质、增进健康和塑形美体非常有帮助。女性跳肚皮舞,能够有效锻炼子宫,提升身体柔韧性,改善身体器官功能和机体肌肉质量。此外,作为有氧运动的典型代表,肚皮舞还能帮助女性减肥塑身。现阶段,肚皮舞作为一种时尚流行运动风靡世界各地,赢得无数女性的青睐。

一、肚皮舞基本舞步训练

（一）扭步

①两脚开立,左脚在右脚后点地时,右胯向前推,注意不是向前顶。

②右脚向右迈步,胯部固定不动。

③左脚再点地,同时左胯向后扭。

(二）葡萄藤步

①两脚开立,右脚在右侧点地,左脚支撑重心。
②右脚在左脚前交叉。
③左脚向左移步成双脚开立姿势。
④右脚在左脚后交叉。
⑤左脚向左移步,用脚尖点地。

（三）鸭子步

①双脚开立,两脚距离同髋宽。身体和脚向一侧转,重心顺势前移,后脚用脚尖触地。稍屈膝,左腿稍下蹲,此时要确保肩、胯、脚都在斜位。
②右膝关节发力,上蹬时从胯到胸依次用力向斜上方推。
③屈膝时收胯,还原。

（四）摇摆步

①两脚开立,两脚距离比肩宽小,手臂在体侧自然打开。
②左脚在右脚前侧点地,右胯摆动。
③右脚向右迈步,左胯摆动。注意只活动胯部,要求身体平稳无起伏。
④重复②和③动作,重拍在第三次摆胯上,重拍后停一拍,然后继续摆胯。

（五）埃及沙依地步法

①右脚向左脚前方点地,两腿微屈膝,两臂在体侧打开。
②左脚向左迈步,身体微微向左侧倾斜。
③左腿向右前方屈膝上踢,右手自然扶头一侧,左臂不动,反方向重复一次。

二、肚皮舞组合动作训练

（一）手臂组合动作（4×8拍）

准备动作：
直立,抬头挺胸,左臂伸展在体侧向上高举,右手叉腰。右脚在左脚前点地。

第一个八拍：

1~2拍：右臂打开，左臂下压，做蛇手动作，向前俯身。

3~4拍：做蛇手动作，左臂稍高，右臂稍低，慢慢起身。

5~6拍：做蛇手动作，身体直立。

7~8拍：做蛇手动作，上体不动。

第二个八拍：

1~2拍：两臂在体侧打开，上臂与地面平行，然后做蝴蝶手臂姿势。

3~4拍：手心翻转朝内，手发力使两臂向前靠拢。

5~6拍：手腕相对，指尖外展，避免肘下沉。

7~8拍：手和肘部发力向两侧推，还原。

第三个八拍：

与第一个八拍动作相同，同样是蛇形手臂动作，但要在身体直立状态下完成，不需要俯身。

第四个八拍：

1~2拍：自然站立，左脚向前迈步点地，双手在胸前交替摆动。

3~4拍：下腰，两手继续摆动，目视正前方。

5~6拍：慢慢起身，手臂动作不变。

7~8拍：还原直立站姿，手臂动作不变。

(二)胸部组合动作(4×8拍)

准备动作：

直立，挺胸抬头、提臀收腹。左臂屈肘，左手放在头侧，右手叉腰。右脚向前迈步点地。

第一个八拍：

1~2拍：向右上方提胸，还原，再提胸。

3~4拍：向左上方提胸，还原，下肢姿势不变。

5~6拍：向右上方提胸，还原。注意不要平移胸。

7~8拍：向左上方提胸，还原。注意肩膀不要晃动。

第二个八拍：

1~2拍：手臂在体侧打开，左脚向左迈一小步，身体左移，抖胸。

3~4拍：右脚向右迈一小步，身体右移，抖胸。

5~6拍：右脚向左脚前迈一步点地，身体前移，抖胸。

7~8拍：右脚收回，身体后移，抖胸。

第三个八拍：

1~2拍：胸向右平移，顺时针垂直环绕。

3~4拍：胸转到中间部位时，收腹，胸放松。

5~6拍：胸向左平移，顺时针垂直环绕。

7~8拍：胸转到中间部位时，收腹，胸放松。

第四个八拍：

1~2拍：双手在体侧屈臂上举，掌心向上（埃及手势）。胸往前推，就像顶胸一样。

3~4拍：胸向左平移。

5~6拍：收腹，胸沿顺时针转到后正中位置时，腹部向后收紧。

7~8拍：胸部顺时针水平环绕到右侧。

（三）胯部动作组合（4×8拍）

准备动作：

直立，挺胸抬头、提臀收腹。右臂在体前平举，左臂屈肘，左手放在头侧。右脚向前迈步点地。

第一个八拍：

1~2拍：右膝用力向上提右胯。

3~4拍：右膝下放，胯收回。

5~6拍：同1~2拍。

7~8拍：同3~4拍。

第二个八拍：

1~2拍：两臂自然打开，两脚开立，胯向前顶。

3~4拍：胯向后顶。

5~6拍：同1~2拍。

7~8拍：同3~4拍。

第三个八拍：

1~2拍：两脚开立。身体、脚向右侧转，重心顺势前移，后脚用脚尖踩地。屈膝，左腿稍下蹲。

3~4拍：左膝发力，上蹬时从胯到胸向斜上方推。

5~6拍：同1~2拍。

7~8拍：同3~4拍。

第四个八拍：

1~2拍：两脚开立，两臂在体侧打开，左脚向前迈步点地，右胯向右摆动。

3~4拍：右脚向前迈步，左胯摆动。

5~6拍：同1~2拍。

7~8拍：同3~4拍。重拍在第三次摆胯上，第三次摆胯后停一拍，然后继续摆胯。

第四节 广场舞训练

广场舞是近些年流行起来的一种民间有氧健身操，是居民在广场、公园等露天的开阔空间上自发组织的富有韵律的一种健身舞蹈。广场舞以徒手健身舞蹈为主，有时也会用到一些简单的轻器械，居民徒手或手持轻器械在分贝较高、具有强烈节奏感的音乐伴奏下集体舞动，场面颇为壮观。跳广场舞已经成为我国一种流行的社会现象，参与者以中老年人居多，这个群体参与强度低、密度大、运动量灵活的广场舞，能够达到强身健体、塑形美体、愉悦身心、娱乐休闲、医疗保健的效果。

一、广场舞基本舞步训练

（一）旁点踏

①两手在体侧叉腰，腿伸直并拢，脚跟相抵，脚尖稍分开，左脚向左迈一步。

②两腿分开，右腿屈膝上提，向上勾脚尖，上身右倾，然后向右迈一步伸出右腿，脚尖点地。

③上体姿势不动，右腿收回，向上勾脚尖，还原，两脚分开。

④左脚向上勾脚尖，然后向左迈一步，脚面绷直，脚尖点地。上体向左倾斜。

⑤左脚收回原位，两腿屈膝，两脚间距同肩宽，右脚脚尖稍外展。

(二)两步平踏

①身体直立,双手在体侧叉腰,两腿并拢,脚尖打开,脚跟相抵。
②右腿屈膝上提,右脚脚尖向上勾起,左脚支撑重心,左脚重复此动作。
③两脚交替做以上动作,身体重心在两脚上来回变化,注意身体始终要保持平衡。

重复4次,每侧脚各2次。

(三)吸点步

①双手在体侧叉腰,两腿并拢,脚尖打开,脚跟相抵。
②向左侧屈膝,右脚稍提踵,头与上体扭向左侧,目视左前方。
③屈膝深蹲,左脚支撑重心,右脚脚跟继续上提,脚尖撑地。
④右腿提起至大腿平行地面,右脚与左腿内侧紧贴,脚掌朝后。
⑤右脚在左脚前落地,脚面绷直,脚尖点地,身体向左扭转。
⑥右脚收回,上身和头部都转正。
⑦反方向重复上述动作。

(四)三步趋步

①身体直立,双手在体侧叉腰,两腿并拢,右脚向左脚前迈步点地。
②左脚向前垫步,脚尖点地,左脚依然在右脚后。
③左脚并向右脚。
④身体稍向右转
⑤右脚迈向右前方。
⑥左脚向前垫步,脚尖点地,左脚在右脚后面。
⑦左脚迈向右前方,脚尖点地,左脚在右脚前面。
⑧右脚向前垫步,脚尖点地,右脚在左脚后面,
⑨左脚向前垫步,脚尖点地,左脚在右脚前面。
⑩右脚并向左脚,腿伸展并拢。
⑪身体和头转正,还原准备姿势。

二、广场舞舞步组合动作训练

(一)8步组合示例

①自然直立,两手在体侧叉腰,两肩齐平,腿并拢,脚跟相抵,脚尖分开。

②右脚向右迈步,脚尖点地,上体顺势稍向右倾,稍向左转头,目视左前方。

③两腿屈膝下蹲,右腿横向屈膝,左腿向前屈膝。

④腿伸直,左脚向左侧迈步,脚尖点地,上体稍向左倾,稍向左转头。

⑤屈膝下蹲,上体姿势不变。

⑥两腿伸直,右脚脚尖点地,向左前方顶胯,身体稍后仰,同时适当抬头,目视左前上方。

⑦右腿向左脚前方迈步,脚尖外展,左脚脚尖点地。

⑧左脚向左前方迈步,向前顶胯,右脚脚尖点地。

⑨右脚并向左脚,脚跟相抵,屈膝半蹲,膝盖外展,上体稍向右转,含胸。

⑩腿伸直并拢,双手叉腰。

⑪身体和头转正,回到准备姿势。

(二)16步组合示例

①身体直立,双手在体侧叉腰,两腿并拢,脚跟相抵,脚尖分离。

②身体左转90°,右腿向后伸展,脚尖点地。

③右脚前移半步,左脚同时向前移动。

④身体继续向左转90°,右脚迈向左脚前方,左脚脚尖点地。

⑤左脚向前移半步,右脚同时向前移。

⑥再转体90°,左脚向右前方迈出,右脚脚尖点地。

⑦右脚向前移半步,左脚同时前移。

⑧上体继续左转90°,右脚向左前方迈出,左脚脚尖点地。

⑨左脚向前移半步,右脚同时前移。

⑩右脚向右前方迈一大步,脚尖点地。

⑪右脚收回与左脚并拢,身体直立。

⑫左脚向左迈一大步。
⑬右脚并向左脚。
⑭左脚再向左迈一大步,脚尖点地。
⑮左脚收回与右脚并拢。
⑯左脚再向左迈一大步,脚尖点地。
⑰左脚再收回与右脚并拢。
⑱身体、头正直,双手叉腰,两腿并拢,还原准备姿势。

三、广场舞成套动作训练

下面列举32步组合的成套动作训练。
①两臂自然放在体侧,两脚并拢,脚跟相抵,脚尖分离。左脚迈向右前方,在右脚前交叉,右脚提踵,脚尖点地,上体稍向右前方转,向左扭头。左臂在身体左侧平伸,右臂前伸。
②右脚迈向左前方,超过左脚,向左前方扭转上体,手臂姿势与上面相反。
③左脚向左后方向退步,脚尖点地,身体稍向右前方扭转,手臂姿势同①。
④右脚向右后方向退步,向左侧前方稍转体,头顺势扭动。手臂姿势同②。
⑤原地踏步,左膝弯曲上提、下落,右臂屈肘上抬,手指朝上,左臂落于体侧。
⑥右膝弯曲上提、下落,左臂屈肘上抬,手指朝上,右臂落于体侧。
⑦左膝弯曲上提、下落,右臂屈肘上抬,手指朝上,左臂落于体侧。
⑧右膝弯曲上提、下落,左臂屈肘上抬,手指朝上,右臂落于体侧。
⑨两膝同时弯曲,稍向下蹲,两臂从右向左甩动,重心在两腿间。
⑩向左上方甩臂,上体左转,左膝弯曲支撑重心,右腿斜伸直。
⑪原地踏步,右膝弯曲上提、下落伸直。
⑫左膝弯曲上提、下落伸直。
⑬屈膝稍蹲,两臂从左向右甩动,重心在两腿间。
⑭向右上方甩臂,身体右转,右膝弯曲,支撑身体重心,左腿侧伸展。
⑮原地踏步,左膝弯曲上提、下落伸直。

⑯右膝弯曲上提、下落伸直。

⑰左脚迈向右前方，超过右脚，右脚提踵，脚尖点地，上体稍向左转，左臂向体侧平伸，右臂前伸。

⑱右脚迈向左前方，超过左脚，上身向右侧转，手臂姿势与⑰相反。

⑲左脚向左后方退步，脚尖点地，身体向左侧转，手臂姿势同⑰。

⑳右脚向右后方退步，上体右转，头向右扭转。手臂姿势与⑰相反。

㉑左脚迈向右前方，超过右脚，右脚提踵，脚尖点地，上体左转，同时头左转。左臂在体侧伸直，右臂前伸。

㉒右脚迈向左前方，超过左脚，上身向右扭转，手臂姿势与㉑相反。

㉓左脚向左后方退步，脚尖点地，身体向左转，手臂姿势同㉑。

㉔右脚向右后方退步，上身向右侧转，头顺势右转。手臂姿势与㉑相反。

㉕身体向后转180°，左脚大步退向左后方，右腿伸直，手臂向左后上方摆动。

㉖手臂落于体侧，右脚退回并向左脚。

㉗左膝弯曲上提，下落伸直，右臂屈肘上提，手指向上，左臂自然垂于体侧。

㉘右膝弯曲上提，下落伸直，左臂屈肘上提，手指向上，右臂自然垂于体侧。

㉙身体向后转180°，左脚大步退向左后方，右脚伸直，手臂向右后上方同时摆动。

㉚两臂自然下落，右脚后退与左脚并拢。

㉛左膝弯曲上提，下落伸直，右臂屈肘上提，手指向上，左臂自然垂于体侧。

㉜右膝弯曲上提，下落伸直，左臂屈肘上提，手指向上，右臂自然垂于体侧。

㉝左臂下垂于体侧，还原准备姿势。

参考文献

[1] 李江霞. 健身健美运动 [M]. 天津：天津科学技术出版社，2020.

[2] 周骞. 高校健身健美教程 [M]. 北京：新华出版社，2018.

[3] 王姝燕. 全民健身与健美操研究 [M]. 天津：天津科学技术出版社，2018.

[4] 廖丽琴，傅超. 健身健美操 [M]. 长春：吉林大学出版社，2016.

[5] 方志军，付春明. 现代健身健美教程 [M]. 长春：东北师范大学出版社，2015.

[6] 梁世君. 大学生健身健美运动基础教程 [M]. 沈阳：东北大学出版社，2015.

[7] 刘绍东. 健美健身运动学 [M]. 北京：人民体育出版社，2016.

[8] 刘丹. 青少年健身健美运动训练纲要与教法指导 [M]. 北京：人民体育出版社，2011.

[9] 周胜. 大运动者体质健康指南 [M]. 北京：中国广播影视出版社，2020.

[10] 健身健美运动教程编写组. 健身健美运动教程 [M]. 北京：北京体育大学出版社，2016.

[11] 吴廉卿. 健美运动技术方法 [M]. 武汉：武汉大学出版社，2015.

[12] 宋雯. 瑜伽教学与实践 [M]. 北京：北京体育大学出版社，2011.

[13] 范京广. 时尚健身瑜伽 [M]. 北京：北京体育大学出版社，2010.

[14] 魏云花. 大学瑜伽教程 [M]. 杭州：浙江大学出版社，2010.

[15] 郑先红. 瑜伽教练 [M]. 北京：高等教育出版社，2012.

[16] 张先松. 健身健美运动 [M]. 武汉：华中科技大学出版社，2009.

[17] 王月，潘力. 健身健美与体能训练 [M]. 北京：清华大学出版社，2014.

[18] 刘倩. 形体健美与体能训练——空乘、模特专业类用书 [M]. 郑州：郑州大学出版社，2011.

[19] 尹承昊. 体能增长与健身训练[M]. 济南：山东科学技术出版社，2013.

[20] 罗正琴. 健美操基本动作训练的重要性和训练方法探讨[J]. 武术研究，2019，4（10）：122-124.

[21] 李景红，蒋满华. 健美操基本动作的训练与强化[J]. 体育师友，2008（04）：28-30.

[22] 谭伟. 健美操入门与提高[M]. 长沙：湖南大学出版社，2015.

[23] 龙春晓，王爱玲，郝玉. 形体健身理论与运动方法[M]. 西安：西安地图出版社，2008.

[24] 武艺等. 看图学广场舞[M]. 北京：人民邮电出版社，2016.

[25] 刘双红. 简易肚皮舞：让你轻松甩掉"游泳圈"[M]. 北京：北京体育大学出版社，2010.

[26] 孙少强，孙延林. 运动心理学[M]. 天津：南开大学出版社，2006.

[27] 毛志雄，迟立忠. 运动心理学[M]. 北京：中国人民大学出版社，2015.

[28] 尹承昊. 体能增长与健身训练[M]. 济南：山东科学技术出版社，2013.

[29] 王广兰，汪学红. 体育保健学[M]. 武汉：华中科技大学出版社，2014.

[30] 翟向阳，卢红梅，等. 体育保健学[M]. 杭州：浙江大学出版社，2013.

[31] 李明. 健身操[M]. 北京：中国社会出版社，2007.

[32] 寸亚玲. 民族健身操教程[M]. 上海：复旦大学出版社，2014.

[33] 武利华. 街舞[M]. 天津：天津人民美术出版社，2018.

[34] 吴振巍. 普拉提——从入门到精进[M]. 北京：北京理工大学出版社，2016.